Bauen + Wirtschaft®

Architektur der Region im Spiegel

LANDESAUSGABE SACHSEN 2020

 Wirtschafts- und Verlagsgesellschaft mbH

ISBN 978 3 944820 93 4

382415-12/20

Bildnachweise siehe Redaktionsbeiträge

ÖFFENTLICHE BAUTEN

ÖFFENTLICHE BAUTEN / SANIERUNG

ÖFFENTLICHE BAUTEN / GEWERBEBAUTEN

INDUSTRIEBAU

Das Baugewerbe in Sachsen brummt(e)

Das Baugewerbe in Sachsen brummt – das konnte das Statistische Landesamt in Kamenz Anfang 2020 vermelden. Der Umsatz zwischen Januar und Oktober 2019 hatte sich im Vergleich zum Vorjahr um 8,4 Prozent auf fast 5 Mrd. Euro erhöht. Auch die Anzahl der Beschäftigten war gestiegen. Wegen der milden Temperaturen sparen sich manche Unternehmen inzwischen die Winterpause. Doch die gute wirtschaftliche Entwicklung wurde durch die Ausbreitung des Virus SARS-Cov-2 gebremst. Die weltweite Ausbreitung des Corona-Virus stellt auch die (Bau-)Wirtschaft in Sachsen vor große Herausforderungen.

Corona hat der sächsischen Baubranche einen tüchtigen Dämpfer verpasst: Die sächsische Bauwirtschaft verzeichnete im Mai 2020 ein Auftrags-Minus von 27 Prozent im Vergleich zum gleichen Vorjahres-Monat. Regional sind die Unterschiede dabei groß: Bei Leipziger Baubetrieben lag der Auftragsrückgang bei „nur" 22,7 Prozent – Dresden hat es mit einem Minus von 57,8 Prozent am härtesten getroffen. Auch die Mehrzahl der Architekturbüros klagt über mangelnde Neuaufträge.

Das Land Sachsen hat Ende Juni ein Corona-Impulspaket beschlossen. Mehr als 1 Mrd. Euro stellen Bund und Freistaat seitdem bereit, um Beschäftigung zu sichern und durch Corona betroffenen Unternehmen zu helfen. Das Programm wurde nach intensiven und regelmäßigen Beratungen des Kabinetts mit Gewerkschaften, Verbänden und Kammern erstellt. Ein wichtiger Bestandteil sind Zukunftsinvestitionen in die Bildungsinfrastruktur. Für die konjunkturelle Belebung der regionalen Bauwirtschaft – insbesondere mit Blick auf die vielen lokalen Handwerksbetriebe – sollen die kommunalen Investitionen in die schulische Infrastruktur besonders gefördert werden. Dafür werden in den kommenden Jahren 20 Mio. Euro zusätzlich zur Verfügung gestellt.

Wir haben uns mit dieser Ausgabe die Aufgabe gestellt, anhand ausgewählter Bauprojekte die vielfältige Bandbreite architektonischer Kreativität und intelligenter Lösungskonzepte in und um die Landeshauptstadt Dresden aufzuzeigen. „Bauen + Wirtschaft, Architektur der Region im Spiegel – LANDESAUSGABE SACHSEN 2020" ist eine Publikation über die baulichen Aktivitäten in dieser Region und zugleich ein nützliches Nachschlagewerk. Die vorgestellten und im Branchenverzeichnis „Die Bauspezialisten" am Ende der Ausgabe aufgeführten Firmen präsentieren sich als leistungsstarke Baupartner, die durch Kompetenz, Flexibilität und Innovationsbereitschaft überzeugen.

Ihre WV Chefredaktion

Dresden bietet Lebensqualität

Von Dirk Hilbert
Oberbürgermeister der Landeshauptstadt Dresden

Ich behaupte: Dresden ist einer der besten Plätze zum Leben, Arbeiten und Wohnen – und natürlich auch zum Investieren! Warum, das verrät ein Blick auf die Zahlen und in die Zukunft: Dresden wächst und wächst und wächst. Nicht nur die Einwohnerzahl der sächsischen Landeshauptstadt stieg auf zuletzt über 563.000 Menschen an. Hier entstehen auch viele interessante Arbeitsplätze, jährlich rund 7.000 in bestem Mix. In Sachsens Landeshauptstadt bilden Kultur und Tourismus ein starkes Gespann, aber auch Forschung und Wirtschaft agieren als enge Verbündete. Außerdem entwickeln sich Stadt und Region auf gemeinsamem Wege. Prognosen bescheinigen Dresden bis zum Jahr 2035 ein weiteres Bevölkerungswachstum. Rund 595.000 Menschen werden dann hier leben.

Welche Herausforderungen bringt das? Ganz klar: Mehr Einwohner sorgen für mehr Bedarf an attraktivem Wohnraum, vernetzter Mobilität und lebenswerter Infrastruktur. Gleichzeitig machen mehr Einwohner die Stadt interessanter für gewerbliche Investoren. Dresden baut und genehmigt deshalb seit vielen Jahren in großem Umfang Kindertagesstätten, Schulen und Wohnungen. Allein im Jahr 2019 wurden in Dresden 5.800 Wohnungen fertig. Der Zuwachs gegenüber dem Vorjahr betrug über 30 Prozent. Auch die Corona-Pandemie 2020 stoppte diese Entwicklung nicht.

Die großen Bauthemen bleiben aktuell. Städtebauliche Qualität wird in Dresden mithilfe einer Gestaltungskommission gesichert. Für herausragende Architekturleistungen vergibt die Stadt alle vier Jahre einen nach Stadtbaurat Hans Erlwein benannten Preis an Architekten und Bauherren.

Allerdings definiert sich Lebenswert in Dresden nicht allein über Architektur. Mindestens genauso wichtig ist für Dresden seit über 800 Jahren Stadtgeschichte die Einbettung in die Elbtal-Landschaft und das Erlebnis von innerstädtischem Grün. Anziehungspunkte sind die Dresdner Heide, der Elberadweg, der Große Garten, der Dresdner Zoo, Parks und Gärten sowie neu gestaltete Flächen im Wohnumfeld für Spiel, Sport, Freizeit und Erholung. Hier nutzen unsere Stadtplaner sehr ideenreich und konstruktiv die Möglichkeiten der Bürgerbeteiligung. Mitdenken, mitreden, mitplanen, die Zukunft gemeinsam gestalten – all das kommt sehr gut bei den Dresdnerinnen und Dresdnern an. Denn sie wollen auch in Zukunft in einer der schönsten deutschen Städte leben, arbeiten und wohnen!

„Leipzig wächst nachhaltig"

Von Thomas Dienberg
Bürgermeister und Beigeordneter für Stadtentwicklung und Bau
der Stadt Leipzig

Abb.: Stadt Leipzig

Der Kernpunkt des Integrierten Stadtentwicklungskonzeptes Leipzig 2030 fasst die Richtschnur für die Stadtentwicklung in drei Worten zusammen. Dieser Satz bleibt Maßstab und Selbstverpflichtung auch heute, wo die Wachstumsdynamik der Stadt weiterhin anhält, wenn auch nicht auf einem so hohen Maß wie in den vergangenen Jahren. Der prognostizierte zusätzliche Bedarf an Schulen, Kitas und anderen Bildungseinrichtungen besteht auf unverändert hohem Niveau. Dasselbe gilt für die Bewältigung der Herausforderungen von Mobilität bis Klimawandel.

Die Pandemie hat Wirtschaft, Verwaltung, Politik und Stadtgesellschaft vor bisher ungeahnte Herausforderungen gestellt. Es gilt nun, auch unter erschwerten Bedingungen für eine möglichst ausgeglichene Entwicklung sozialer, ökologischer und ökonomischer Rahmenbedingen zu sorgen. Vor diesem Hintergrund haben aber gerade in Leipzig bisher alle Akteure ihre Leistungsfähigkeit bewiesen, ein Aspekt, der uns zuversichtlich in die Zukunft blicken lässt.

Das gilt insbesondere für die gemeinsame Aufgabe von Verwaltung, Politik und Immobilienwirtschaft: den Erhalt und Ausbau bezahlbaren Wohnraums – bedarfsgerecht für alle gesellschaftliche Gruppen. Wir müssen über die gesamte Stadt verteilt und auch in den nachgefragten Lagen genügend Wohnungen vorhalten, die sich die Menschen leisten können. Wir wollen alle Unternehmen mit ins Boot holen, um den vereinbarten Anteil an sozialem Wohnungsbau zu realisieren und – wo möglich – weiter auszubauen. Das Bündnis für bezahlbares Wohnen leistet hierbei einen wertvollen Beitrag.

Einige Instrumente zum Erhalt kostengünstigen Wohnraums, zum Beispiel die sozialen Erhaltungssatzungen, wurden erst in diesem Jahr auf den Weg gebracht. Denn wir müssen das Thema auch in Bestandsgebieten aktiv angehen. Im nächsten Schritt werden die Maßnahmen evaluiert und genau geschaut, was sich bewährt hat und wo noch Nachbesserungen notwendig sind.

Darüber hinaus haben wir uns zum Ziel gesetzt, die Rahmenbedingungen für den Wohnungsbau trotz steigender Grundstücks- und Baukosten zu verbessern. Hier kommen beispielsweise die Wohnungsbauförderung des Freistaates aber auch kommunale Förderinstrumente zum Tragen. Jetzt geht es darum, wo wir weitere Potenziale erschließen können. Ich freue mich auf den Dialog darüber, wie wir diese Ziele gemeinsam mit unseren Partnern erreichen können.

Gemeinsam den Aufgaben und Herausforderungen stellen

Von Dipl.-Ing. Andreas Schramm
**Landesvorsitzender Sachsen,
BDB Bund Deutscher Baumeister, Architekten und Ingenieure e.V.**

Man könnte meinen, es gibt derzeit nur ein Thema, aber wie heißt es so schön: In diesen Zeiten ist es dem Planeten egal, was auf ihm passiert, er dreht sich einfach weiter. Für uns gilt es, sich den Herausforderungen zu stellen und den Gegebenheiten anzupassen.

Wie vertretbar und in ihrem Umfang zweckdienlich die getroffenen Gesundheitsmaßnahmen unter rechtsstaatlichen und demokratischen Aspekten sind, sollte eigentlich konstruktiv und offen diskutiert werden können. Die Bereitschaft zu einem solchen fachlich basierten Diskurs ist jedoch seit Monaten gesellschaftlich nur schwer erkennbar. Um gesellschaftliche Spaltungserscheinungen zu vermeiden, wäre es wünschenswerter – wenn auch etwas plakativ – angelehnt an die Handhabung der Beteiligten am Bau, daran zu arbeiten, einen tragbaren und umsetzbaren Konsens zu finden. Schubladendenken, Angstgefühle und Unsicherheit sind kein guter Ratgeber, bei der Bewältigung der anstehenden Aufgaben und Stillstand schon gar nicht.

Betrachtet man das im Sommer beschlossene und durch den BDB initiierte und unterstützte Maßnahmenpapier der Planungs- und Bauwirtschaft, so stellt dies eine weiterführende, nicht unerhebliche konjunkturbelebende Wirkung, zu der schon bestehenden enormen Baukonjunktur der vergangenen Jahre, dar. Auch wenn das Maßnahmenpapier nicht alles abbilden kann, so ist es jedoch wichtig, dass die am Bau Beteiligten die Grundsätze dessen aufgreifen und umsetzen, worauf es im Wesentlichen zukünftig weiter ankommt – u.a. die bereits bekannten, dennoch nicht zufriedenstellenden Themen Klimaschutz und Nachhaltigkeit aber auch die digitale Infrastruktur, die Transformation der Städte und die Stabilisierung der städtischen und ländlichen Funktion. Letzteres insbesondere ist gesellschaftlich von Bedeutung für den Erhalt lebendiger Innenstädte und den ökologischen Umbau der Landwirtschaft. Betrachtet man die derzeitigen Bedingungen in der Umsetzung, darf auch schlussendlich der soziale Wohnungsbau im Fokus des Maßnahmenpaketes nicht verloren gehen.

Zu den Bedingungen zählt auch ein Thema der zurückliegenden Jahre, über welches viel diskutiert wurde – die Ausbildungsoffensive im Handwerk –, dessen Ergebnis aber bis dato sehr ernüchternd ist. Eins steht jedoch fest, die immer komplexer werdenden Aufgaben der Zukunft im Bereich Bau, einschließlich der Gesetzes- und Normenflut, lassen sich nur dann umsetzen, wenn allen Beteiligten die erforderlichen Fachkräfte zur Verfügung stehen. Dies bedeutet, dass neben unseren Architekten und Ingenieuren auch fachkompetente, konstruktive Partner – ausreichend gut qualifizierte und motivierte Handwerker – uns und den Bauherren zur Seite stehen, die das digitale Know-how in, auch weiterhin, analoge Objekte zielsicher und termingerecht umzusetzen verstehen.

Zusammengefasst: Stellen wir uns gemeinsam den neuen und teilweise alten Aufgaben unter den aktuellen und weiterhin anspruchsvollen Herausforderungen sowie den damit verbundenen Anpassungen der arbeitstechnischen und gesellschaftlichen Bedingungen.

Die Gremien des BDB und seine Mitglieder stehen dabei den Baubeteiligten weiterhin als konstruktiver und fachlicher Partner zur Seite (www.baumeister-online.de).

Erfolgsspur im Bauwesen
weiter befahren

Von Dr. Jürgen Wummel
Vorsitzender Landesverband Sachsen
VBI Verband Beratender Ingenieure e.V.

Die Baukonjunktur boomt – dies bestätigen auch die Daten der amtlichen Statistik für die ersten elf Monate des Jahres 2019. So stieg in diesem Zeitraum der Gesamtumsatz in den Bauunternehmen ab 20 Beschäftigte um 7,3 Prozent gegenüber 2018. Im öffentlichen und Straßenbau stiegen die Umsätze mit plus 13,4 Prozent am stärksten an. Auch der Wirtschaftsbau kann auf ein Umsatzplus von 5,2 Prozent verweisen.

Die Bautätigkeit ist ohne die im VBI zusammengeschlossenen unabhängig beratenden und planenden Ingenieure nicht möglich. Wir stellen für Bauvorhaben die Weichen für eine ordnungsgemäße Planung, qualitative Herstellung, erfolgreiche Inbetriebnahme und das nachhaltige Betreiben. So schaffen wir Bauwerke und Infrastruktur, die das Leben der Menschen verbessern und Generationen überdauern.

Als Partner bei der Umsetzung der Bauvorhaben sind die unabhängig beratenden und planenden Ingenieure in den unterschiedlichsten Gebieten aktiv. Sie tragen dazu bei, die Visionen von Bauherrn und Architekten detailliert umzusetzen. Dafür ist die Unabhängigkeit der planenden und beratenden Ingenieure von Hersteller- und oder Lieferinteressen die elementare Grundlage. Denn nur diese Unabhängigkeit gewährleistet dem Auftraggeber eine optimale Beratung und Planung. Diese Qualität gibt es nicht zum „Nulltarif", beratende und planende Ingenieure benötigen auskömmliche Honorare.

Damit dieses Know-how auch langfristig erhalten bleibt, ist der Kampf um die „klügsten Köpfe" in der Baubranche in vollem Gang. Mit der Kampagne Ingenieurtalente will der VBI junge Leute deshalb für den Ingenieurberuf interessieren. Das Ergebnis kann sich im Sprichwörtlichen sehen lassen: siehe www.vbi.de/ingenieurtalente.

Der Verband Beratender Ingenieure VBI ist die führende Berufsorganisation unabhängig beratender und planender Ingenieure in Deutschland. Im Gespräch mit Politik und Verwaltung setzt sich der VBI konsequent für Rahmenbedingungen ein, die einen fairen Leistungswettbewerb und die freie Berufsausübung ermöglichen.

Der Landesverband Sachsen hat ungefähr 300 hoch qualifizierte Mitgliedsunternehmen. Sie finden sie auf der VBI-Homepage in der Planerdatenbank unter www.vbi.de/planerdatenbank.

Wie es nach Corona weitergeht, kann zurzeit niemand sagen. Aber es ist klar: Sächsische Ingenieure und Planer werden aktiv mitwirken, dass die Erfolgsspur im Bauwesen weiter befahren wird.

Sehenswerte Architektur in Sachsen

Dresdens Architektur / Landeshauptstadt Dresden ist fit für die Zukunft / Musikakademie und Kita in Leipzig / Neue Ortsmitte Dommitzsch / 2-Feld-Sporthalle, Clara-Wieck-Gymnasium Zwickau / Kegelbahn Wülknitz in Wülknitz / Temporäres Empfangs- und Eingangsgebäude sowie Umbau und Umnutzung des Bestandsgebäudes Audi-Bau in Zwickau / Wettbewerb Petersteinweg in Leipzig / Wohn- und Geschäftshaus in Massivholzbauweise in Leipzig / Wohn- und Geschäftshaus Striesener Straße in Dresden

Landeshauptstadt Dresden: Der Balkon Europas – die Brühlsche Terrasse. Dresden zählt zu den schönsten Metropolen Europas   Abb.: ddpix.de

DRESDENS ARCHITEKTUR

Kaum eine deutsche Stadt hat ihr Gesicht in den vergangenen Jahren so sehr verändert wie Dresden. Die sächsische Landeshauptstadt entwickelt sich konsequent weiter und zählt 30 Jahre nach dem Mauerfall zu den schönsten Metropolen Europas. Die historischen Gebäude der Stadt treten mehr und mehr in einen Dialog mit Bauten zeitgenössischer Architektur. Seit der Wiedervereinigung wurden einmalige Projekte wie der Neubau des Sächsischen Landtags und des Internationalen Kongresszentrums sowie die kuppelförmige Glasüberdachung des Kleinen Schlosshofs im Residenzschloss verwirklicht. Nachfolgend weitere Beispiele sehenswerter Architektur in Dresden: Militärhistorisches Museum der Bundeswehr: 2011 veröffentlichte die renommierte „New York Times" eine Liste mit 41 Orten, die man in diesem Jahr besuchen sollte. Als einzige deutsche Stadt wurde Dresden mit dem damals neu eröffneten Militärhistorischen Museums der Bundeswehr erwähnt. Der Entwurf für den Neubau stammt von dem amerikanischen Stararchitekten Daniel Libeskind. Das Dresdner Museum reiht sich damit in eine Reihe weltbekannter von Libeskind geplanter Gebäude ein. Das historische Arsenalgebäude wird von einem keilförmigen, asymmetrischen Neubau durchdrungen, dessen transparente Fassade aus Metalllamellen den massiven Altbau überlagert. Der Dresdner Keil stellt einen Einschnitt sowohl in die äußere Gestalt als auch das Innere des Museums dar. Der Neubau dringt in das Raumgefüge des Altbaus ein und eröffnet dem Besucher auf allen Ebenen räumliche Verschränkungen und Ausblicke. Wie ein Pfeil zeigt das riesige „V" auf die Dresdner Innenstadt und erinnert in seiner geometrischen Form an die in der Bombennacht des 13. Februar 1945 zerstörte Stadtfläche Dresdens. Heute kann man von der Aussichtsplattform des Keils einen großartigen Blick auf die in neuer Schönheit erstrahlende Stadt werfen.

Das Albertinum: Nachdem die Dresdner Kunstschätze im Sommer 2002 durch die „Jahrhundertflut" der Elbe bedroht wurden und nur mit größter Anstrengung aus den unterirdischen Depots der Staatlichen Kunstsammlungen Dresden gerettet werden konnten, wurde entschieden, das Albertinum um ein hochwassersicheres Depot zu er-

weitern. Das Berliner Büro Staab Architekten passte das Albertinum den technischen Anforderungen eines modernen Museumsbetriebs an. Über dem 1.800 m² großen Innenhof des Gebäudes schwebt seit 2010 in 12 m Höhe ein brückenähnlicher, zweigeschossiger Einsatz, in dem die Depots und Werkstätten der Staatlichen Kunstsammlungen Dresden zu finden sind. Unter der Konstruktion entstand ein weiterer zentraler Raum, der Lichthof. Er wird als Museumsfoyer und Raum für Veranstaltungen genutzt.

Die Quartiere am Neumarkt: Besucher, die glauben, Dresden einmal besucht und alles gesehen zu haben, täuschen sich. Eines der jüngsten abgeschlossenen Bauprojekte zeigt, dass die Landeshauptstadt immer in Bewegung ist: das Quartier VIII zwischen dem Dresdner Schloss und dem Johanneum, inmitten der Altstadt. Das Areal zählt

zu den insgesamt acht Quartieren, die in den vergangenen Jahren rund um den Neumarkt wiederaufgebaut wurden. In seiner Struktur nähert sich das Areal dem noch vorhandenen Stadtgrundriss an und zeichnet den historischen Straßenverlauf nach. Die berühmte Stadtkomposition des Neumarkts bildete sich in der Zeit August des Starken heraus und galt in seiner Gesamterscheinung mit der Frauenkirche im Zentrum als Höhepunkt barocker Baukunst.

Der Neumarkt zeigte bis vor einigen Jahren wohl am deutlichsten in der Innenstadt die Verwundungen durch die Zerstörungen 1945. Seit einigen Jahren sind das Dresdner Schloss und die Frauenkirche wieder aufgebaut und beide für viele Menschen wichtige Anziehungspunkte in Dresden. Der neu gestaltete Kulturpalast säumt seit 2017 den Neumarkt in Richtung Süden. In den vergangenen Jahren wurden zahlreiche Grundstücke rund um den Neumarkt entwickelt und neu bebaut: mit Wohnungen, Gewerberäumen, Hotels und Einzelhandelsflächen. Damit wurde fertiggestellt, was bereits 1983 seinen Anfang nahm. Schon damals hatte das erste städtische Konzept zum Wiederaufbau der Quartiere am Neumarkt vorgelegen, einschließlich der originalgetreuen Rekonstruktion von ca. 15 sogenannten Leitbauten. Plätze und Gassen mussten neu gedacht werden. Wer heute auf den Neumarkt kommt, sieht einen Ort mit neuer Struktur. Die Frauenkirche wird gesäumt von Bauten, die sich von außen an die historischen Vorbilder anlehnen, im Inneren hochmoderne Räumlichkeiten anbieten. Nicht nur für Einwohner, auch für die Touristen der Stadt ist der Besuch des Neumarktes ein Muss. Dieses Ergebnis

haben alle Beteiligten durch eine engagierte und intensive Diskussion erreicht – Fachleute aus Politik, Verwaltung, Stadtplanung, Denkmalpflege, Kulturgeschichte, Architektur und Baukultur, aber auch Vereine, Interessengemeinschaften sowie viele einzelne Bürger und Bürgerinnen. Der Wiederaufbau ist nicht nur ein Ergebnis in Stein – der Neumarkt ist auch eine gemeinsame Erfahrung, begleitet von einer langen Auseinandersetzung mit der eigenen Vergangenheit und dem Ringen um eine gemeinsame Zukunft.

DRESDEN IST FIT FÜR DIE ZUKUNFT

Die Landeshauptstadt Dresden ist ein besonderes Beispiel für die anhaltende positive Entwicklung einer Stadt. Zunehmende Bevölkerungszahlen bei zurückgehender Arbeitslosenquote, eine hohe Geburtenrate, eine hochmoderne und leistungsfähige Infrastruktur, differenzierte Bildungsangebote für alle Bedürfnisse, herausragende Angebote in Kultur und Tourismus – diese Kriterien machen das positive Lebensgefühl in Dresden aus, die Stadt anziehend zum Leben für immer mehr Menschen und ebenso für einen Besuch.

Der Zukunftsatlas des Prognos Institutes bescheinigt Dresden eine sehr hohe Dynamik, eine hohe Stärke und sehr hohe Zukunftschancen. Damit einher geht aktuell eine angespannte Wohnraumsituation.

Landeshauptstadt Dresden: Seit Oktober 2011 ist die neu konzipierte Dauerausstellung des Militärhistorischen Museums der Bundeswehr für ihre Besucher geöffnet. Thematische Querschnitte zur Kultur- und Sozialgeschichte von Militär und Gewalt sind im von Daniel Libeskind entworfenen Neubau ausgestellt   Abb.: Frank Exß

Landeshauptstadt Dresden: Neumarkt mit Frauenkirche. Der wohl bekannteste Platz in der Dresdner Innenstadt wird seit 2005 schrittweise in Anlehnung an seine einstige prachtvolle Barockgestaltung aus dem 18. Jh. rekonstruiert   Abb.: Frank Exß

Die Ausbildung in Schulen mit unterschiedlichen Profilen und in einer vielfältigen Hochschullandschaft – in Dresden studieren rund 40.000 junge Menschen – ist die Basis für hoch qualifizierte Arbeitskräfte in Dresden. Ein Argument für die breite Unternehmerschaft, die sich dieses Pfund gern zunutze macht. Die Technische Universität Dresden hat im Juli 2019 ihre Bestätigung als eine von elf Exzellenz-Universitäten in Deutschland mit einer jährlichen Förderung von rund 10 Mio. Euro bis in das Jahr 2026 erhalten. Damit sind langfristig sehr gute Bedingungen für Forschung und Lehre in Dresden gegeben.

Eine aktuelle Aufgabe ist die Versorgung der wachsenden Bevölkerung mit Wohnraum, vor allem im sozial verträglichen Bereich. Dazu hat die Stadt im Jahr 2017 die WiD – Wohnen in Dresden GmbH & Co. KG gegründet. Aktuell plant und baut die WiD an über 20 Standorten in Dresden. Ziel ist es, bis 2022 etwa 600 Wohnungen zu errichten (Stand: Februar 2020). Zudem wurde das „Kooperative Baulandmodell Dresden" ins Leben gerufen. Stadtpolitische Schwerpunkte für die Zukunft sind die Themen Bildung, Kultur, umweltfreundliche Mobilität, klimaangepasstes Bauen und wissenschaftliche Infrastruktur, Vielfalt

der Stadt und die Kulturhauptstadt-Bewerbung. Damit hat Dresden die wichtigsten Ziele für seine weitere positive Entwicklung abgesteckt.

Am Dresdner Immobilienmarkt wurden durch Verkäufe im Jahr 2019 nach Angaben des Dresdner Gutachterausschusses für Grundstückswerte in der Landeshauptstadt Dresden rund 2,5 Mrd. Euro umgesetzt. Die Summe befand sich damit – nach stetig steigenden Umsätzen seit 2012 – nunmehr das dritte Jahr in Folge auf ähnlich hohem Niveau. Die Anzahl erfasster unbebauter Grundstücke fiel mit 367 Erwerbsvorgängen 15 Prozent geringer aus als im Vorjahr, wobei der Geldumsatz von 141 Mio. Euro auf 162 Mio. Euro, also um rund 15 Prozent, stieg. Der höchste Geldumsatz entfiel 2019 mit rund 1,4 Mrd. Euro auf den Teilmarkt der bebauten Grundstücke, im Vergleich zum Geschäftsjahr 2018 entspricht dies einem Rückgang um rund 15 Prozent. Die Anzahl gehandelter Objekte sank von 988 auf 922, also um rund 7 Prozent. Der Markt für Sondereigentum (Eigentumswohnungen und Teileigentum) stellt mit 4.568 Erwerbsvorgängen rund 76 Prozent des Gesamtmarktes. Nach Anzahl entspricht dies einer Steigerung von rund 5 Prozent im Vergleich zum Vorjahr. Der Geldumsatz stieg im gleichen Zeitraum um rund 27 Prozent auf 880 Mio. Euro, nachdem er in den Jahren 2015 bis 2018 relativ konstant um 680 Mio. Euro gelegen hat. Die Umsatzsteigerungen in diesem Teilmarkt haben somit weitestgehend den Umsatzrückgang in anderen Teilmärkten kompensiert. Dies lässt sich mit erneut gestiegenen Preisen für Eigentumswohnungen erklären.

Der Gutachterausschuss informierte zuletzt im August 2020 über die aktuellen Preis- und Umsatzentwicklungen des Immobilienmarktes in

Landeshauptstadt Dresden: Historische Bauwerke und moderne Architektur im Einklang – die Dresdner Altstadtsilhouette spiegelt sich in den Fenstern des Internationalen Congress Centers Dresden wider   Abb.: Sebastian Weingart

Dresden. Im ersten Halbjahr 2020 stand die Immobilienbranche wie das gesamte öffentliche und wirtschaftliche Leben unter den Auswirkungen der Corona-Pandemie. Neben der Berichterstattung erfolgten die Untersuchungen auch mit dem Ziel, Anzeichen für coronabedingte Veränderungen der Umsätze und Kaufpreise zu erkennen. „Aus den vorliegenden Daten konnten keine Schlussfolgerungen gezogen werden, die auf einen signifikanten Umsatz- oder Preisrückgang hindeuten. Im Gegenteil, der Trend zu steigenden Preisen setzte sich fort", sagte Klara Töpfer, Vorsitzende des Gutachterausschusses.

Das anhaltende Bevölkerungswachstum sorgte für einen Anstieg der Einwohnerzahl auf 563.011 (Stand: 31. Dezember 2019) und damit um mehr als 12.000 Menschen seit 2017. Die Anzahl der Privathaushalte steigt weiter. Bis 2035 werden 595.000 Einwohner für Dresden prognostiziert. Vor diesem Hintergrund werden jährlich schätzungsweise 3.700 neue Wohnungen benötigt.

MUSIKAKADEMIE UND KITA, LEIPZIG

Das international tätige Osloer Architekturbüro Snøhetta hat mit seiner Niederlassung in Innsbruck den Siegerentwurf für eine Kindertagesstätte sowie zwei multifunktionale Gebäude einer Musikakademie am Dösner Weg in Leipzig geliefert und soll mit der weiteren Planung beauftragt werden. Das rund 8.000 m² große Grundstück der ehemaligen, seit Jahren brachliegenden Gurken- und Konservenfabrik der Gebrüder Schumann ist Teil des Stadtraums Bayerischer Bahnhof und gehört der Rubin 70 GmbH, einer Projektgesellschaft der Leipziger Stadtbau AG. An dem von der Eigentümerin in Abstimmung mit der Stadt ausgelobten Werkstattverfahren hatten fünf geladene Architekturbüros teilgenommen.

Die Lage des Projekts ist einzigartig – zentral in der innerstädtischen Grünfläche südlich des Bayrischen Bahnhofs. Im Verhältnis zum städtischen Gefüge der Umgebung liegt das Baufeld exponiert und dezentral. Im Osten dominieren großmaßstäbliche Blöcke, im Westen Blockrandbebauung mit kleinteiligerer Wohnstruktur.

Als städtebauliche Reaktion hat Snøhetta die Gebäude als Pavillons im Park interpretiert und der Gestaltung des Freiraums einen ebenso hohen Wert beigemessen wie den Gebäuden selbst. Städtebaulich liegen die drei Körper auf den ersten Blick sehr frei im übergeordneten, städtebaulichen Gefüge. Die drei Volumen reagieren aber gekonnt auf Raster, Achsen und Wege der angrenzenden Stadtgebiete und fügen sich so wie selbstverständlich in die Stadt ein. Die drei Baukörper ergeben ein zusammenhängendes Ensemble, ein gemeinsames Gefüge, das sich am städtebaulichen Kontext orientiert. Das neue Gebäude-Ensemble und der neue Stadtpark bilden das Bindeglied zwischen diesen unterschiedlichen städtischen Strukturen, vermitteln zwischen diesen Bereichen über die Höhenentwicklung des Areals und bieten eine Vielzahl an unterschiedlichen Aufenthaltsräumen im Park.

Gleichzeitig sind die Funktionen strikt auf die drei Volumen aufgeteilt: die Kita, das Apartmenthaus und das Music Lab. Diese Aufteilung platziert einerseits die Volumina optimal im Park und besitzt auch den Vorteil, dass jedes Gebäude für sich betrachtet und das Gesamtensemble Schritt für Schritt umgesetzt werden kann.

Das vertikale Raumgefüge der Kita macht das Gebäude auf drei Geschossen zu einer Spiel- und Bildungslandschaft, die über eine zentrale große Treppe verbunden ist. Diese Erschließung ist kein reiner Verkehrsweg, sondern Teil der Spiellandschaft, die sich durch das ganze Gebäude zieht. Ein Lehmbau soll für ein unverwechselbares, monolithisches Erscheinungsbild sorgen. Alle Ebenen öffnen sich direkt zum Freiraum.

Das Music Lab bildet einen experimentellen Raum – einen Ort der Bildung, des Experimentierens und der Kommunikation. Um dafür bestmögliche Voraussetzungen zu schaffen, sind die Räume offen und flexibel. Probeboxen können verschoben und neu zusammengestellt werden; der Raum ist eine freie Bühne und bietet unterschiedliche Möglichkeiten der Nutzung. Offenheit dominiert und wechselt, wenn notwendig, mit abgeschlossenen Bereichen. Der Konzertsaal für 200 Personen kann zum Park hin geöffnet werden, und Besucher können die Konzerte im Freien genießen.

Beim Apartmenthaus für „Artists in Residence" stapeln sich die Unterkünfte in Kleineinheiten zu einem Wohnturm mit vier Geschossen und insgesamt 26 Wohneinheiten. Laubengänge schaffen einen Ort, wo sich die Bewohner treffen können, und ermöglichen zusätzliche soziale Kontakte. Im Erdgeschoss befindet sich mit einer Cafeteria ein weiterer Treffpunkt.

Beim Music Lab und beim Apartmenthaus wird Holz das prägende Material sein.

Musikakademie und Kita, Leipzig: Der Siegerentwurf überzeugte die Jury durch eine Gliederung mit einer eindeutigen modernen Sprache. Die Nutzungen werden dabei klar in autarken Gebäuden getrennt
Abb.: Snøhetta, Innsbruck

NEUE ORTSMITTE DOMMITZSCH

Im Frühjahr 2020 ist die Sanierung der Ortsmitte Dommitzsch fertig-gestellt worden. Ursprünglich sollten in der kleinen Stadt am Elbe-radweg nur das Rathaus saniert und der Marktplatz neu gestaltet werden. Dank dem Mut der Stadtverwaltung und der Akquise von Fördergeldern konnte die Maßnahme aber um die Sanierung des Ne-bengebäudes „Markt 3" und den Rückbau einiger heterogen ge-wachsener Anbauten erweitert werden. Neben Radfahrern, die in der neu geschaffenen Touristeninformationsstelle mit überregionalen In-formationen versorgt werden, profitieren fortan vor allem die Bewoh-ner der strukturschwachen Region von einem multifunktional nutz-baren Ausstellungs- und Veranstaltungsraum im Herzen des Ortes.

Die unter engen denkmalpflegerischen Vorgaben durchgeführte Fas-sadensanierung des 1911 errichteten Rathauses brachte den Vorschlag mit sich, einen zu DDR-Zeiten entstandenen, eingeschossigen Anbau zurückzubauen. Dieser garagenähnliche Baukörper, der aus Unbehol-fenheit oder politischem Kalkül in die Blickachse auf das Hauptportal der über 500 Jahre alten St.-Annen-Kirche gestellt worden war, fun-gierte bisher als Touristeninformationsstelle der Stadt und Zugang zum Ratskeller. Da das Rathaus, dessen öffentlichkeitswirksamen In-nenräume (Ratssaal, Trauzimmer und Eingangshalle) im Zuge der Fassadensanierung ebenfalls eine Oberflächensanierung und Neumöblierung erfuhren, keine Flächenreserven aufgewiesen hatte, entstand die Idee, die Touristeninformation zukünftig in einem unmit-telbar nördlich angrenzenden, ehemaligen Wohnhaus zu verorten. Das stark sanierungsbedürftige und bisher unscheinbare Gebäude „Markt 3" wurde bereits 1780 errichtet und erfuhr im Laufe der Jahr-hunderte zahlreiche Umbaumaßnahmen.

Das Wohngebäude wurde unter einem Wetterschutzdach vollständig entkernt und aufgrund seines spätbarocken Mansarddachs über lie-

Ortsmitte Dommitzsch: Das Rathaus – im Bild das Trauzimmer – erfuhr im Zuge der Fassadensanierung ebenfalls eine Oberflächensanierung und Neumöblierung
Abb.: Henning Rogge, Hamburg

gendem und stehenden Stuhlverband im laufenden Planungsprozess unter Denkmalschutz gestellt. Während straßenseitig die Fassade gemäß historischer Befunde mit außenbündigen Kastenfenstern wie-derhergestellt werden konnte, wurde die Rückseite des Gebäudes von stallartigen Lageranbauten befreit und durch ein großes Fenster zur Kirche hin geöffnet. Die so entstandene „leere Hülle" wurde an-

Ortsmitte Dommitzsch: Die Baumaßnahme umfasste die Sanierung des Rathauses, die Marktplatzgestaltung sowie die Einrichtung einer Touristeninformationsstelle im Gebäude „Markt 3" (dunkelgraues Gebäude links im Bild)
Abb.: Henning Rogge, Hamburg

Ortsmitte Dommitzsch: Ein aus Eschenholz präzise gefertigter, möbelartiger Einbau teilt den Raum in der neu geschaffenen Touristeninformationsstelle in einen Informationstresen am Eingang, eine Veranstaltungsfläche mit Sitzstufenanlage auf der Erdgeschossebene und eine Galerie im oberen Geschoss

Abb.: Henning Rogge, Hamburg

hand einer einfachen Diagonale neu zoniert. Ein durch eine Leipziger Tischlerei aus Eschenholz präzise gefertigter, möbelartiger Einbau teilt den Raum in einen Informationstresen am Eingang, eine Veranstaltungsfläche mit Sitzstufenanlage auf der Erdgeschossebene und eine Galerie im oberen Geschoss. Die Decken wurden geöffnet,

sodass der u.a. mit Holzbalken der ehemaligen Zwischendecke denkmalgerecht sanierte Dachstuhl zukünftig bereits aus dem Erdgeschoss heraus erlebbar ist.

Der neu gestaltete Marktplatz fasst das Ensemble aus Kirche, Rathaus und „Markt 3" ein und ermöglicht eine barrierefreie Erschließung der Touristeninformation. Das historische Pflaster wurde vor Ort geborgen, mit neuem Pflaster durchmischt und wieder eingebaut. Im Windschatten der touristischen Aufwertung entstand ein Ort, der Tür an Tür zum Rathaus zur demokratischen Teilhabe, zur Diskussion und zur Begegnung einlädt.

2-FELD-SPORTHALLE, CLARA-WIECK-GYMNASIUM ZWICKAU

Der 2019 fertiggestellte Neubau für ein Sportzentrum in Zwickau-Planitz geht auf einen gewonnenen Wettbewerb aus dem Jahr 2014 zurück. Im Laufe der Planung war das ursprünglich geplante Sportzentrum, bestehend aus 2-Feld-Sporthalle, Gymnastikräumen, Fitness- und Kraftsporträumen, auf eine reine 2-Feld-Sporthalle für Schul- und Vereinssport reduziert worden. Grund dafür waren nur bedingt zu kompensierende Mehrkosten aus dem Baugrund. Trotz des reduzierten Raumprogramms, konnte die übergeordnete Struktur-, Material- und Gestaltkonzeption umgesetzt werden.

Die Entwurfsidee des Leipziger Architekturbüros Atelier ST verfolgt das Ziel, den städtebaulichen Widerspruch zwischen dem Großvolumen des neuen Sportkomplexes mit der kleinteiligen Wohnbebauung „Am Biel" aufzulösen. Gleichwohl galt es, den Neubau in den gewachsenen Landschaftsraum einzubetten, ohne dabei seine Nutzung als 2-Feld-Schulsporthalle und Vereinssportgebäude zu leugnen. Durch eine Höhenstaffelung des Neubaus, fügt sich die vergleichsweise gewaltige Baumasse wie selbstverständlich in die gewachsene Geländesituation des Grundstücks ein. Aufgrund seiner präzisen Figur und schimmernden Materialwahl gelingt es dem Gebäude, gleichwohl als zeitgemäßer und selbstbewusster Sporthallenbau angemessen in Erscheinung zu treten.

Der Neubau ist längsseitig und parallel zum Rasensportplatz angeordnet. Um Pkw-Fahrverkehr auf dem Grundstück weitestgehend zu unterbinden, sind die Besucherparkplätze in unmittelbarer Nähe zum Turnerweg, im Süd-Westen des Grundstücks angeordnet. Der Hauptzugang ist als großzügiger, überdachter Bereich, auf der Nord-Westseite konzipiert und dient neben der übergeordneten Adressbildung gleichzeitig als kleine Tribüne für den Sportplatz.

In Fortführung der terrassierten Höhenstaffelung des Geländes, gliedert sich das Volumen der Sporthalle in einen umlaufenden niedrigen Gebäudeteil und einen hohen Hallenkörper als zentrales „Herzstück." Neben dem klassischen Architekturprinzip des „form follows function" fügt sich die symmetrisch gegliederte Kubatur des Baukörpers so in das Gelände ein, als stünde er schon immer dort. Nicht zuletzt durch die Höhendifferenzierung wird die Wahrnehmung des großvolumigen

2-Feld-Sporthalle, Clara-Wieck-Gymnasium Zwickau: Die Struktur des Neubaus ist sowohl in Längs- als auch Querrichtung symmetrisch aufgebaut. Aufgrund seiner präzisen Figur und schimmernden Materialwahl gelingt es dem Gebäude, gleichwohl als zeitgemäßer und selbstbewusster Sporthallenbau angemessen in Erscheinung zu treten
Abb.: Simon Menges, Berlin

Hallenkomplexes verfälscht. Das Gebäude wirkt daher, in der verkürzten Höhenwahrnehmung, weit weniger groß als es tatsächlich ist. Somit entsteht auch eine harmonische Beziehung zur umgebenden Wohnbebauung.

Die Struktur des Neubaus ist sowohl in Längs- als auch Querrichtung symmetrisch aufgebaut. Vom Foyer aus betritt man die Halle bzw. den vorgelagerten Erschließungsgang, welcher in Längsrichtung der Halle verläuft. Von hier aus ergeben sich über große Panoramafenster mit Sitznischen bereits spannende Einblicke in die eigentliche Sporthalle. Über diesen Flur sind ausnahmslos alle Funktionen der Halle auf kurzen Wegen erreichbar. Notwendige Rettungswege ins Freie sind jeweils an den Flurenden angeordnet. Die Verkehrsflächen sind auf das notwendige Mindestmaß reduziert. Alle Funktionen sind ausnahmslos barrierefrei erschlossen.

Basierend auf einem wirtschaftlichen Konstruktionsraster von 4,45 m in Längsrichtung und 4,60 m in Querrichtung ist die tragende Konstruktion der neuen Sporthalle als leichte Stahlkonstruktion mit Stahlgelenkträgern errichtet worden. Für den passiven Wärmeschutz sind die Außenwände des Bauwerks mit zweilagigen Metallsandwich-Elementen hochwärmedämmend isoliert. Die Außenverglasungen (Fenster und Türen) sind als Aluminiumkonstruktion mit 3-Scheiben-Wärmeschutz-Verglasung, VSG, konzipiert. Perforierte Aluminiumpaneele (Lochblechmetall) bilden als hinterlüftete Vorhangfassade die Außenhaut und Wetterschutzschicht des Bauwerks und verhindern ein Aufheizen der Sporthalle in den Sommermonaten. Vor allem dem sommerlichen Wärmeschutz trägt dieses kostengünstige Fassadenmaterial Rechnung, da durch die Perforation (Lochung/Schlitzung) des Materials eine Lichttransmission von unter 50 Prozent erreicht wird. Ein zusätzlicher Mehrwert des Fassadenmaterials ergibt sich

eine neue Kegelbahn zu errichten, und lobte hierfür einen Wettbewerb aus. Ziel sollte es sein, die zwei ortsansässigen Sportbereiche – Kegeln und Fußball – im Ortszentrum zu vereinen und so den Sportverein stärker als Treffpunkt und sozialen Anker in der ländlich geprägten Gemeinde zu verfestigen.

Nach dem 1. Preis im Wettbewerb wurde schließlich das nur wenige Monate zuvor gegründete Büro KO/OK Architektur mit der Bauaufgabe betraut.

Der eingeschossige Neubau liegt in direkter Nachbarschaft zu Gemeindeamt und Sportplatz und bündelt somit die unterschiedlichen Sportbereiche an einem Ort. Die baulich und funktional spärlich besetzte Ortsmitte wurde verdichtet und mit einem neuen Treffpunkt und Aufenthaltsort revitalisiert.

Eine überdachte Terrasse markiert den Eingang des Sportgebäudes, dessen Herzstück eine wettkampftaugliche Kegelbahnanlage mit vier Bahnen ist. An den Bahnbereich gliedert sich ein großzügiger multifunktionaler Aufenthaltsbereich mit Bar und Küche an, der einen direkten Außenraumbezug zum angrenzenden Fußballplatz hat. Parallel zur Kegelbahn werden, in einem zweiten Gebäudebereich, die Nebenräume wie Umkleidekabinen, Duschen, Sanitärräume, Lager, Technik und Bürobereiche organisiert.

Um den Neubau im veranschlagten, sehr geringen Budget verwirklichen zu können, wurde im Planungsprozess alles auf das Wesentliche reduziert. So entstand in sorgfältiger Detaillierungsarbeit ein größtenteils vorfabrizierter Holzbau, der sich mit in Köcherfundamenten eingespannten Stützen und einer unbewehrten Bodenplatte einfachsten Lösungen aus dem industriellen Hallenbau bedient.

Der Holzbau tritt mit schnörkelloser und zurückhaltender innerer und äußerer Gestaltung in Erscheinung. Sichtbare, das Gebäude überspannende Brettschichtholz-Binder und die Brettsperrholz-Oberflächen des Flachdachs prägen den Innenraum. Installationen zur Be- und Entlüftung der Duschbereiche sowie für die Beleuchtung wurden sichtbar an der Decke installiert. Farbige Linoleumböden und Zugangstüren sorgen für eine farbliche Akzentuierung. Nach außen erscheint der Baukörper in einem einfachen hölzernen Gewand. Die hinterlüftete, sägeraue und grau lasierte Lärchenholzschalung, die sich über dem Betonsockel erhebt, findet ihren oberen Abschluss in einer zurückversetzten Titanzink-Attika. Die zusätzliche vertikale Profilierung der Fassade verleiht dem im Oktober 2018 fertiggestellten Baukörper bei aller Einfachheit eine subtile, tektonische Eleganz.

Das Projekt ist beim Sächsischen Landeswettbewerb 2019 „Ländliches Bauen" mit dem 2. Preis in der Kategorie Öffentliche Nutzung ausgezeichnet worden.

aus der Nichteinsehbarkeit von dahinter liegenden Räumen. Somit sind beispielsweise Umkleideräume mit Tageslicht ausreichend belichtet, ohne dass man von außen Einsicht erlangt. Die Materialität der Fassade (eloxiertes Aluminium) sorgt zusammen mit den Aluminiumfenstern für günstige Bauunterhaltskosten.

Im Inneren sind preiswerte, pflegeleichte und langlebige Materialien wie Naturkautschukböden in Verbindung mit schallschutzwirksamen Holzwerkstoffen (Prallschutz, mit Schallschutzfunktion) verbaut.

KEGELBAHN WÜLKNITZ, WÜLKNITZ

Die kleine sächsische Gemeinde Wülknitz liegt im Elbtal, auf halbem Weg zwischen Leipzig und Dresden. Hier bespielte der lokale Sport- und Kegelverein ESV Lok Wülknitz e.V. eine Kegelbahn in einer alten Baracke am Dorfrand. 2016 hatte sich der Gemeinderat entschieden,

Kegelbahn Wülknitz, Wülknitz: Um den Neubau im veranschlagten, sehr geringen Budget verwirklichen zu können, wurde im Planungsprozess alles auf das Wesentliche reduziert. Der Holzbau tritt mit schnörkelloser und zurückhaltender innerer und äußerer Gestaltung in Erscheinung   Abb.: Simon Menges, Berlin

TEMPORÄRES EMPFANGS- UND EINGANGSGEBÄUDE SOWIE UMBAU UND UMNUTZUNG DES BESTANDSGEBÄUDES AUDI-BAU, ZWICKAU

Nach mehr als neun Jahren Planungszeit eröffnete am 11. Juli 2020 die vierte Sächsische Landesausstellung. Seit 1998 richtet der Freistaat dieses regionale Ausstellungsformat zu prägnanten Themen der sächsischen Geschichte aus. Nach „Zeit und Ewigkeit", „Glaube und Macht" und „Via Regia" ist nun das Thema Industrie mit dem vielversprechenden Titel „BOOM. 500 Jahre Industriekultur in Sachsen" an der Reihe. Für die zentrale Ausstellung im Audi-Bau in Zwickau gestaltete das Berliner Büro AFF Architekten in Kooperation mit Georgi Architektur und Stadtplanung, Chemnitz, und Ilja Oelschlägel Produkt Design, Leipzig, ein temporäres, von Industrieästhetik inspiriertes und ganz in Schwarz gehaltenes Eingangsgebäude sowie den Umbau der ehemaligen Industriehalle des Audi-Baus. Bauherr war der Staatsbetrieb Sächsisches Immobilien- und Baumanagement (SIB). Nutzer ist das Deutsche Hygiene-Museum, Dresden.

Sachsen ist die Wiege der deutschen Industrialisierung. Mit dem Entschluss, die Leitausstellung zur 500-jährigen Industriekulturgeschichte im Rahmen der 4. Sächsischen Landesausstellung in der Audi Halle in Zwickau zu präsentieren, wurde ein Konzept gesucht, welches nicht nur auf die technischen Anforderungen der hohen Besucherströme eingeht, sondern auch zu Fragen der Nachhaltigkeit in unserer Zeit Stellung bezieht. Das umgesetzte Gestaltkonzept geht darüber hinaus.

Es nutzt repetitiv vorhandene Industriewaren und kombiniert sie zu einem Eingangsgebäude mit Rampenanlage, um die Besucher zur Ausstellung zu empfangen und sie in die ehemalige Montage- und Produktionshalle zu führen. Gemäß der Umsetzung aller neuen Bauvolumen aus Seecontainern folgt auch die Entwicklung der Ausstattungselemente wie Tresen und Schließfächer aus Werkzeugkisten, Sitzmöbel aus Autoreifen konsequent dem Leitbild der Nachnutzung. Themen wie industrielles Erbe, Produktaustausch und Recyclingprozesse werden somit als gestaltbestimmende Ästhetik lesbar.

Der von Th. Quaysin für die Audi-Union AG 1938 – 39 erbaute Bestandsbau wurde damals unter der Maßgabe der größtmöglichen Einsparung und dem Ziel einer möglichst eisenarmen Bauweise er-

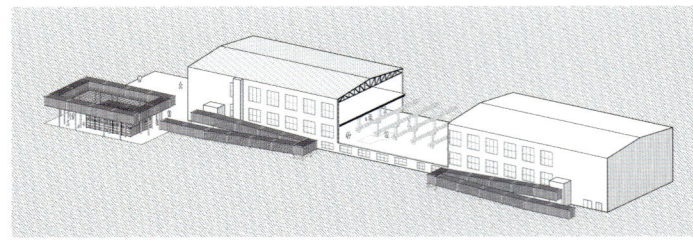

Temporäres Empfangs- und Eingangsgebäude 4. Sächsische Landesausstellung, Zwickau: Für das 860 m² große Eingangsgebäude (in Schwarz) neben der 1938 errichteten Halle aus Ziegeln und die zwei langen Erschließungsrampen (in Schwarz), durch die die BesucherInnen barrierefrei in den oberen Ausstellungsbereich gelangen, entwickelten die ArchitektInnen eine additiv zusammengefügte Konstruktion aus 38 Containern   Abb.: AFF

richtet. Alle heutigen Eingriffe und Sanierungsarbeiten wurden nach der gleichen Maßgabe konzipiert und unterstreichen den ursprünglichen Charakter des Gebäudes.

Für das 860 m² große Eingangsgebäude neben der 1938 errichteten Halle aus Ziegeln und die zwei langen Erschließungsrampen, durch die die BesucherInnen barrierefrei in den oberen Ausstellungsbereich gelangen, entwickelten die ArchitektInnen eine additiv zusammengefügte Konstruktion aus 38 Containern. Diese wiederverwendbaren Module wurden ergänzt durch eine Dachkonstruktion aus Gerüsttraversen und sägerauem Holz für das Rampensystem und die Brüstungen. Der konsequent schwarze Look verleiht der Struktur einen puristischen Unterton, der das nachhaltige Konzept auch visuell gekonnt in Szene setzt.

Der Umbau der denkmalgeschützten, 6.600 m² großen Ausstellungshalle ist minimalinvasiv und konzentrierte sich auf die Freilegung der vorhandenen Oberflächen. Zusammen mit dem Produktdesigner Ilja Oelschlägel ergriffen die ArchitektInnen radikale Maßnahmen: Sämtliche der Organisation dienenden Bereiche wie Garderoben, Schließfächer oder Sitzgelegenheiten bestehen ebenfalls aus industriellen Elementen. So wurden upgecycelte Autoreifen zu gemütlichen Sitzbänken, Säcke für Baumaterial dienen nun als Gruppengarderobe und 272 Sichtlagerkisten wurden im zweiten Lebenszyklus zu Schließfächern. Wer sich selbst von diesem kreativen Umgang mit Industrieprodukten überzeugen möchte, hat bis Ende des Jahres die Gelegenheit in Zwickau vorbeizuschauen und die Sächsische Landesausstellung zu besuchen.

Temporäres Empfangs- und Eingangsgebäude 4. Sächsische Landesausstellung, Zwickau: Gemäß der Umsetzung aller neuen Bauvolumen aus Seecontainern folgt auch die Entwicklung der Ausstattungselemente wie Tresen und Schließfächer aus Werkzeugkisten oder Sitzmöbel aus Autoreifen konsequent dem Leitbild der Nachnutzung   Abb.: Hans Christian Schink

Siegerentwurf Wettbewerb Petersssteinweg, Leipzig: in exponierter Lage an der Westseite des Wilhelm-Leuschner-Platzes soll eine neue Adresse für komfortable Hotel-, Büro-, Wohn- und Einzelhandelsflächen entstehen
Abb.: Unnewehr Packbauer Architekten/grauwald studio

WETTBEWERB PETERSSSTEINWEG, LEIPZIG

Auf einem Leipziger Innenstadt-Grundstück soll eine neue Adresse für komfortable Hotel-, Büro-, Wohn- und Einzelhandelsflächen entstehen. Die Auslober – GRK 27. Projektgesellschaft mbH und St. Elisabeth-Krankenhaus Leipzig gGmbH – hatten zu einem Realisierungswettbewerb eingeladen. Unter zwölf Teilnehmern gewannen Unnewehr Packbauer Architekten in Zusammenarbeit mit Monari Zitelli Reteike Architekten im Mai 2020 den 1. Preis.

Der Bauplatz befindet sich in exponierter Lage an der Westseite des Wilhelm-Leuschner-Platzes, unmittelbar südwestlich der Leipziger Innenstadt. Entwurfsziel war die Entwicklung eines Stadtbausteins, der sich von Körnung und Höhe her wie selbstverständlich in das bestehende Stadtgefüge einbettet, dieses sinnvoll ergänzt und stärkt. Parameter dieser Überlegung sind die bestehende Probstei St. Trinitatis, der ausgedehnte Raum des Wilhelm-Leuschner-Platzes sowie die umgebende Blockrandbebauung in Höhe und Struktur. Das Preisgericht lobt den Siegerentwurf dazu in seinem Protokoll: „Der Entwurf zeichnet sich durch seine klar gegliederte, strenge Fassadengestaltung zum Wilhelm-Leuschner-Platz aus. Durch kleine, asymmetrische Rücksprünge an der Hauptfassade reagiert der Baukörper überzeugend auf die unterschiedlichen Höhenbezüge zur Polizei und der Kirche."

Nutzungen Büro und Hotel werden von der Seite des Wilhelm-Leuschner-Platzes erschlossen. Zum Platz hin bildet sich eine repräsentative Fassade mit einem Hochpunkt an der Ecke Nonnenmühl-

gasse/Wilhelm-Leuschner-Platz. Dieser Hochpunkt nimmt direkten Bezug auf den zurückweichenden Baukörper der Probstei St. Trinitatis und bildet einen Abschluss des Blocks von eigenständiger Prägung. Von hier aus staffelt sich der Baublock sukzessive nach unten, sodass er mit seiner Traufhöhe die Höhen der umgebenden Bebauung aufnimmt. Unterstützt wird die Kurvatur des Blocks durch die jeweils mittigen Rücksprünge und die damit einhergehende Betonung der Ecken. Hiermit wird nicht nur die Struktur des Gebäudes in der

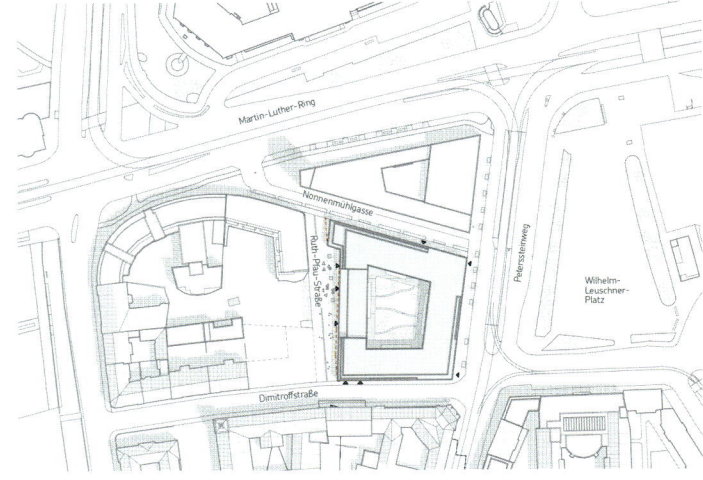

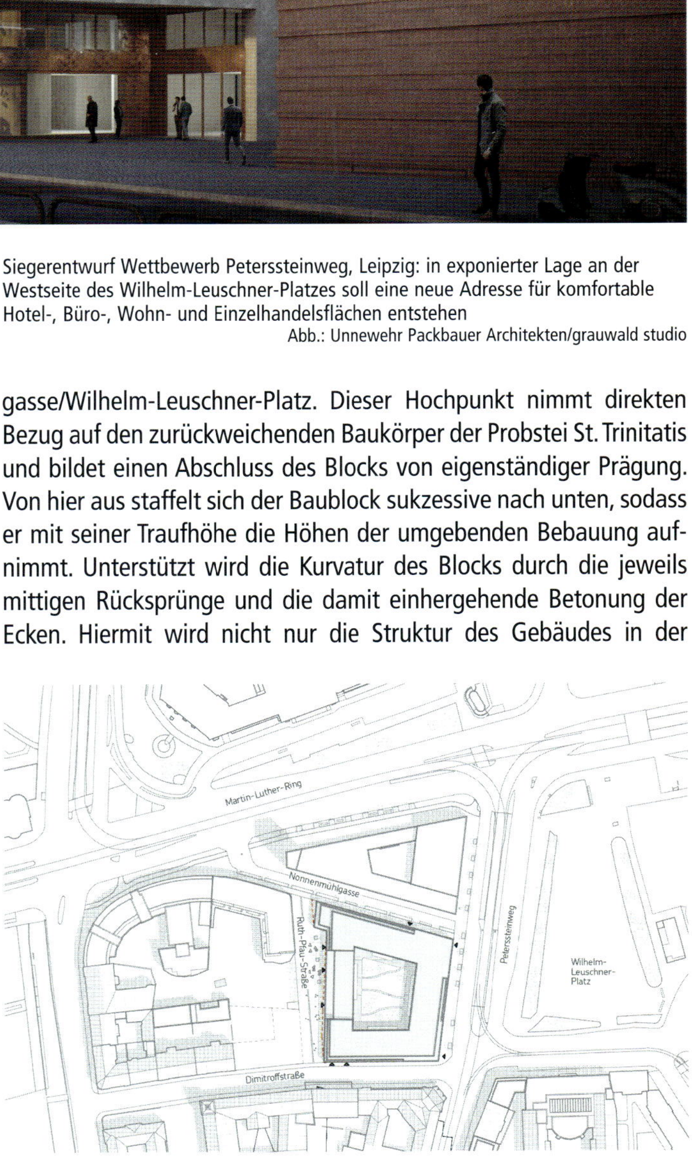

Siegerentwurf Wettbewerb Petersssteinweg, Leipzig: Lageplan
Abb.: Unnewehr Packbauer Architekten

Fassade abgebildet und in ihrer Großmaßstäblichkeit gebrochen, sondern auch eine in sich ruhende und harmonische Gesamtform geschaffen, die sich über Höhen und Körnung wie selbstverständlich in die städtische Umgebung einfügt.

Die privaten und weniger öffentlichen Nutzungen wie Wohnen und Pflege orientieren sich in Richtung der im Rahmen des Bauvorhabens neu geschaffenen Ruth-Pfau-Straße und werden auch von dort erschlossen. Während die Pflegezimmer zum Teil noch in Richtung Nonnenmühlgasse ausgerichtet sind und zusammen mit der Büronutzung eine starke Rückwand zur Probstei St. Trinitatis ausbilden, setzt sich das Wohnen in Höhe und Ausgestaltung der Fassaden von den restlichen Nutzungen ab. Es liegt eingebettet wie eine Intarsie im hinteren, von den großen Straßen abgewandten Teil des Blocks und schafft über die Gestaltung der Fassade und der Balkone eine private Atmosphäre zur Ruth-Pfau-Straße.

Die Erdgeschosszone wird ringsum mit öffentlichen Nutzungen versehen. In Richtung Wilhelm-Leuschner-Platz und Nonnenmühlgasse sind größere Gewerbeflächen angesiedelt, die von ihrer Art und Größe der öffentlichen Lage entsprechen (z.B. Restaurant, Shops). An der Ecke Wilhelm-Leuschner-Platz/Dimitroffstraße liegen die öffentlichen Teile des Hotels (Lobby und Restaurant).

Aufgrund von Langlebigkeit und Wertbeständigkeit der Immobilie wird vom Auslober eine hohe Flexibilität der einzelnen Gebäudeteile gewünscht. Der vorliegende Entwurf wird dieser Forderung durch nachfolgende Maßnahmen gerecht: eine klare Setzung der Treppenräume, die Möglichkeit der Unterteilung sämtlicher Flächen in 400-m²-Einheiten sowie mittels eines durchgängigen 1,30-m-Fassadenrasters und durchgehender Geschosshöhen in den Obergeschossen. Aufgrund der genannten Punkte ist es ohne größere Eingriffe in die Rohbaustruktur möglich, die Nutzungen auch in anderer Konstellation anzuordnen oder im Nachhinein umzuplanen. So gibt es zurzeit konkrete Überlegungen, die im Siegerentwurf vorgesehenen Hotelflächen aufgrund der Corona-Auswirkungen in Büroflächen umzuwandeln. Einzig das Wohnen ist aufgrund seiner spezifischen Struktur von dieser Flexibilität ausgenommen.

WOHN- UND GESCHÄFTSHAUS IN MASSIVHOLZBAUWEISE, LEIPZIG

Die private Baugemeinschaft Z8 GbR hat in Leipzig ein selbst genutztes Wohn- und Geschäftshaus in Massivholzbauweise errichtet, welches unter Beweis stellt, dass Gebäude der Gebäudeklasse 5 auch in Holz errichtet werden können und gleichsam wurde damit ein ganzheitlich ökologischer und nachhaltiger Anspruch verfolgt. Energieoptimiertes Bauen beginnt bei der Wahl des Rohbaumaterials Holz, wodurch die „graue Energie" zur Erstellung des Gebäudes maßgebend reduziert werden konnte.

Das im Februar 2018 nach Plänen des Leipziger Architekturbüros ASUNA fertiggestellte Gebäude wurde als Effizienshaus im KfW-55-Standard erstellt. Ausschließlich der Treppenhauskern und die Gründung wurden als Stahlbetonkonstruktion ausgeführt. Durch die Massivholzbauweise mit Brettsperrholzelementen der Außenwand- und Deckenkonstruktionen und Brettschichtholz der Stützen-Riegel-Konstruktion wurden in dem Gebäude insgesamt ca. 520 m³ Holz verbaut, welche ca. 520 t CO_2 für die nächsten Jahrzehnte fest im Gebäude binden.

Mit der inneren Stützen-Riegel-Konstruktion und dem hochflexiblen Fassadenprinzip wurde eine Hülle geschaffen, welche eine ca. 430 m²

Siegerentwurf Wettbewerb Petersssteinweg, Leipzig: Die Entwicklung des Neubaukörpers ist ein klares Bekenntnis an die vorherrschende Blockrandbebauung, formuliert sich aber je nach Situation durch Staffelung der Umgebung unterschiedlich aus   Abb.: Unnewehr Packbauer Architekten

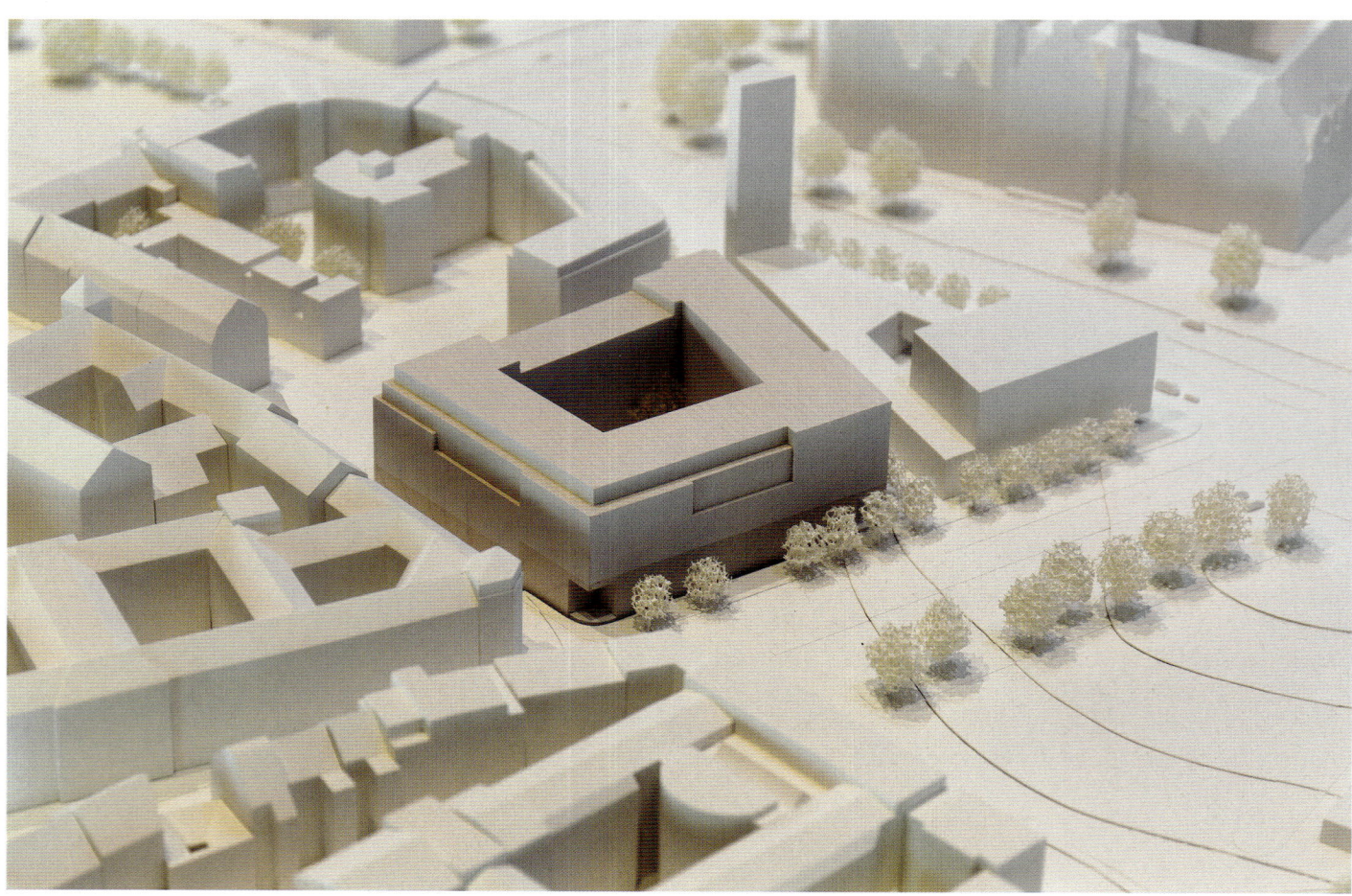

Wohn- und Geschäftshaus in Massivholzbauweise, Leipzig: Das Gebäude stellt unter Beweis, dass Gebäude der Gebäudeklasse 5 auch in Holz errichtet werden können
Abb.: Peter Eichler, Leipzig

Gewerbeeinheit im Erdgeschoss/1. Obergeschoss und vier Wohneinheiten (120 bis 195 m²) im 2. bis 4. Obergeschoss aufnehmen konnte und gleichsam eine extrem große innere und äußere Gestaltungsfreiheit der einzelnen Bauherren ermöglichte. Die im Inneren sichtbar gebliebenen glatten Deckenuntersichten aus Holz und die mittels verdeckter Verbindungsmitteln mit Sherpa-Verbindern erstellte Stützen-Riegel-Konstruktion aus Brettschichtholz bilden die Grundlage von den individuellen und zeitgemäßen Raumgefügen der Wohnungen und der Gewerbeeinheit. Das hochflexible Fassadenprinzip aus Aluminiumbändern, welche gleichsam die Brandschotten der hinterlüfteten Fassade aufnehmen, und der vorvergrauten Lärchenholzverkleidung bildet die Grundlage für das Spiel mit den unterschiedlichen Fensterformaten und den davor laufenden gelaserten Aluminium-Schiebeläden. Dadurch wird ein sich nach Jahres- und Tageszeiten änderndes Erscheinungsbild des Gebäudes erzeugt. Die individuelle Laserung der Schiebeläden ist auf die Anforderungen des sommerlichen Wärmeschutzes ausgelegt und bildet mit seinem Schattenspiel nach innen und dem Durchscheinen nach außen ein lebendiges und emotionales Element. Die oberste Qualität des Gebäudes, im 5. Obergeschoss, mit dem allseitigen Blick über die Dächer der Stadt, ist als gemeinschaftlich genutzter Dachgarten ausgebaut worden.
Gemäß des Energiekonzeptes wird das Gebäude über eine Wärmepumpenanlage (Luft/Erdwärme), welche durch eine 20 m² Solarkollektoranlage und wassergeführte Kamine in den Wohneinheiten unterstützt wird, mit Wärme für Heizung und Warmwasser sowie mit passiver und aktiver Kälte versorgt. Das Gebäude ist mit einer Regen-

wassernutzungsanlage ausgestattet, welche alle WCs mit Brauchwasser versorgt.
Durch die kreative Einbeziehung der Bauherrengemeinschaft und das Schaffen von flexiblen Gestaltungsmöglichkeiten in allen Phasen und Elementen des Projekts ist ein sehr individuelles und ambitioniertes Gebäude entstanden. Nur mit Bauherrengemeinschaften sind innerstädtische, ambitionierte und selbst genutzte Bauprojekte im wirtschaftlichen Rahmen realisierbar.
Durch das Nachzeichnen des spitzwinkligen innerstädtischen Grundstücks und die Aufnahme der Höhen benachbarter Bebauungen wird mit dem Neubau die Stadtstruktur sinnvoll ergänzt und ein markanter Anker an einer Hauptverkehrsstraße von Leipzig geschaffen. Durch die Aufständerung des Eckbereichs wurde ein Eingangsbereich für das Gebäude und die Gewerbeeinheit erstellt und gleichsam eine öffentliche Durchwegung ermöglicht, welche von den Anwohnern intuitiv genutzt wird.

Wohn- und Geschäftshaus in Massivholzbauweise, Leipzig   Abb.: Peter Eichler, Leipzig

WOHN- UND GESCHÄFTSHAUS STRIESENER STRASSE, DRESDEN

Als Endpunkt eines Grünzuges, welcher sich entlang der Striesener Straße vom Zentrum ostwärts bis zur Kreuzung Thomae-/Striesener Straße erstreckt, ist das Eckgrundstück an dieser Kreuzung im Dresdner Stadtteil Johannstadt exponiert gelegen und von besonderer städtebaulicher Bedeutung. Größter Wohnungseigentümer im Stadtteil ist die Wohnungsgenossenschaft Johannstadt e.V. Mit mehr als 7.000 Wohnungen leistet sie seit dem Zweiten Weltkrieg einen wesentlichen Beitrag zur Schaffung von bezahlbarem Wohnraum im Zentrum von Dresden. Nach einer Phase der Bestandskonsolidierung baut die Genossenschaft nun seit einigen Jahren wieder neu. Deshalb hatte sie 2014 das ca. 1.400 m² große Eckgrundstück erworben und acht Dresdner Architekturbüros zu einem mehrphasigen Realisierungswettbewerb für ein Wohn- und Geschäftshaus eingeladen. Daraus ging das Architekturbüro Peter Zirkel als Sieger hervor und erhielt Anfang 2016 den Zuschlag zur Realisierung eines Wohnungsbaus in der Dresdener Johannstadt.

Der Neubau dieses Wohn- und Geschäftshauses greift mit einem Gebäudeteil das bestehende Rudiment der angedeuteten Blockrandbebauung des Nachbarhauses („ADAC-Gebäude") auf und formuliert im Kreuzungsbereich einen Endpunkt, welcher selbsterklärend von der straßenbegleitenden Zeilenbebauung aus den 1970er Jahren in das östliche Gebiet um den Fetscherplatz überleitet. In Maß und Form orientiert sich die Zeile des Neubaus am angrenzenden ADAC-Gebäude, im Kreuzungsbereich wird eine turmähnliche Eckbebauung ausgebildet. Mit acht Obergeschossen wird hier eine markante städtebauliche Setzung formuliert.

Das Erdgeschoss ist von Gewerbeeinheiten sowie den Gebäudezugängen und der Tiefgarageneinfahrt belegt. Ein Rücksprung im Erdgeschoss formuliert eine eindeutige Adresse und eine attraktive Eingangssituation für das Gewerbe. Das 1. Obergeschoss wird von Büro- und Gewerbenutzung geprägt. Ab dem 2. Obergeschoss befinden sich auf der gesamten Fläche des Neubaus Wohnungen. Eine klar ablesbare Zonierung des Gebäudes in Sockelzone – diese umfasst Erdgeschoss und 1. Obergeschoss – und Obergeschosse trennt von außen gut sichtbar die Gewerbe- und Bürobereiche von den Wohnungsbereichen darüber. Das 5. Obergeschoss bildet im Bereich der Zeile das oberste Geschoss und ist als Staffelgeschoss, mit Rücksprung entlang der Südseite, ablesbar der obere Abschluss des Gebäudes an dieser Stelle. In der turmartigen Eckbebauung sind darüber hinaus zwei weitere Geschosse ausgebildet (6. und 7. Obergeschoss). Die Wohnungen in diesen Bereichen haben eine besondere Attraktivität, da sie über einen allseitigen Ausblick verfügen – im Osten über den Grünzug entlang der Striesener Straße bis zur Altstadt, im Westen über die angrenzende Bebauung hinweg zu den Elbhängen und ins Umland.

Die Wohnungen variieren in ihrer Größe von ca. 66 m² bis 140 m². Etwa 60 Prozent der Wohneinheiten sind 3-Raum-Wohnungen, die weiteren sind als 2- oder 4-Raum-Wohnungen konzipiert. Eine 5-Raum-Wohnung im 5. Obergeschoss rundet das Wohnungsangebot nach oben ab. Jede Einheit verfügt über einen großzügigen, nach Süden oder nach Westen ausgerichteten Außenraum in Form einer Loggia. An der Kreuzung Thomae-/Striesener Straße sind großzügige und attraktive Eckloggien im Kopfbau integriert.

In der Tiefgarage stehen Stellplätze sowohl für die gewerbliche Nutzung als auch für die Wohnungen zur Verfügung.

Das Gebäude unterliegt den Entwurfsprinzipien der Nachhaltigkeit und Effizienz. Grundform und Kubatur sind kompakt gehalten und ermöglichen eine hohe Ausnutzung des Grundstücks bei gleichzeitiger Wahrung der Qualität des Außenraums. Die öffentliche Nutzung des Erdgeschosses sowie eine Gemeinschaftsfläche im Hof entsprechen

Wohn- und Geschäftshaus Striesener Straße, Dresden: Der turmartige Abschluss des Hauses bezieht sich auf die offene Baustruktur aus den 1970er Jahren in der Nachbarschaft
Abb.: David Brandt, Dresden

den Anforderungen an nachhaltigen Städtebau. Die effiziente Grundrissstruktur ermöglicht es, trotz ausschließlich zwei- bis dreiseitig orientierten Wohnungen mit nur zwei Treppenhäusern und Aufzügen auszukommen. Die Wohnungen sind mehrheitlich nach Süden orientiert und ermöglichen damit größtmögliche Nutzung solarer Wärmegewinne. Die tiefen Loggien, als „grüne Zimmer" nutzbar, können in der kalten Jahreszeit als Pufferzone genutzt werden und tragen dadurch ebenfalls zum Wärmegewinn bei. Die hochwärmedämmende Ausbildung der Fassaden- und Dachflächen ermöglicht in Kombination mit der Anbindung an das Fernwärmenetz der Drewag die Einhaltung der KfW-Effizienzhaus-55-Anforderungen. Die Fenster leisten als hocheffektive Dreifach-Verglasung auch einen hohen Schallschutz. Gemeinsam mit einer kontrollierten Wohnraumlüftung mit Wärmerück-

Wohn- und Geschäftshaus Striesener Straße, Dresden: Die Höhendominante bildet den Endpunkt des Parks, der sich von der Synagoge im Zentrum bis zur Ecke Thomae-/Striesener Straße erstreckt   Abb.: David Brandt, Dresden

gewinnung führt dies zu niedrigsten Betriebskosten und gesundem, behaglichen Raumklima.

Das Haus ist mit einer robusten und werthaltigen Ziegelfassade mit Vormauersteinen aus der Region verkleidet. Das Ziegelwerk, zwischen Dresden und Leipzig gelegen, verfügt über eigene Lehmgruben mit rotbrennenden Lehmen der Lommatzscher Pflege und creme-weiße Tone des Meißner Landes. Anknüpfend an das Lokalkolorit, geprägt durch den gelblichen Naturstein des Elbsandsteingebirges an den historischen Gebäuden der Stadt, fiel die Wahl auf Steine aus dem Rohstoff der gelblichen Tone des Meißner Landes. Die Brennmethode mit einem Gegenlauf-Tunnelofen erzeugt eine ringofenähnliche Ofenatmosphäre, die eine natürliche Farbvielfalt mit Anflammungen und rustikalen Fußseiten entstehen lässt. Die handwerkliche Ausführung des Mauerwerkes mit Normalformatsteinen im wilden Verband bestimmt, neben der Ziegelfarbe, wesentlich das Erscheinungsbild des Hauses. Handwerklich geprägte Detailausbildungen, wie der Lagenversatz in der Sockelzone, oder auch die Verwendung von speziell gefertigten Formsteinen mit Viertelrundung in den Fensterlaibungen sowie Roll- und Grenadierschichten unter anderem am Dachabschluss unterstreichen die Wertigkeit der Fassade und stärken die eigenständige Identität des Hauses.

Wohn- und Geschäftshaus Striesener Straße, Dresden: Fließende Übergänge mithilfe von viertelgerundeten Formsteinen in den Fensterlaibungen korrespondieren mit den runden Eckausbildungen der einzelnen Baukörper   Abb.: Ken Wagner, Dresden

Mit bestem Dank für die freundliche Unterstützung an:
Landeshauptstadt Dresden
Snøhetta Studio Innsbruck GmbH, Innsbruck
Schoener und Panzer Architekten BDA, Leipzig
Atelier ST Gesellschaft von Architekten mbH, Leipzig
KO/OK Architektur
Keinath Onneken Partnerschaft von Architekten mbB, Leipzig/Stuttgart
AFF
Gesellschaft von Architekten mbH, Berlin
Unnewehr Packbauer Architekten, Leipzig
Monari Zitelli Reteike Architekten, Berlin
ASUNA atelier für strategische und nachhaltige architektur, Leipzig
Peter Zirkel Gesellschaft von Architekten mbH, Dresden

Farben sind unsere Passion

Handwerk ist unsere Leidenschaft

© Seidel + Architekten

Referenzobjekte

Löbtau Carree, Dresden · Seite 56

Hyperion H2, Leipzig · Seite 94

malerwerkstätten.com · form. farbe. Design · Wachsmuthstraße 3, 04229 Leipzig | T. 0341 2618018 | F. 0341 2618022 | Email: info@maler-farbprojekt.de

Stark durch Leistung

Individuell in der Umsetzung

Unterwegs in Leipzig, Halle, Dresden & Chemnitz

Heeresbäckerei, Leipzig

Mühlenwerke, Stahmeln

Seite 98

Naumannsche Brauerei

Seite 50

malerwerkstätten.com

Form, Farbe Design

Per Mausklick Überblick über Baubranche

Ausgaben der Architekturtitel des WV-Verlages unter **www.bauenundwirtschaft.com** als Vollversion im Internet. Wir stellen auch Ihr Angebot mit vielen Serviceleistungen ins Netz

Heute ist das Internet längst dabei, zum Massenmedium zu werden. Mit der Zahl der Zugriffe steigt auch die Bedeutung des Internets – egal ob es sich um die Informationsbeschaffung und Präsentation, elektronische Post (E-Mail), Videokonferenzen oder virtuelles Einkaufen (E-Commerce) handelt. Dieses neueste Medium der Kommunikation verändert die Welt wie einst Telefon oder Fax.

ARCHITEKTURTITEL IM INTERNET

Eine Internet-Version aktueller Publikationen bieten inzwischen viele Verlage an – doch Internet-Präsentation ist nicht gleich Internet-Präsentation.

Der WV-Verlag, u.a. Herausgeber von Architekturfachbüchern, wartet im Internet unter www.bauenundwirtschaft.com mit einigen Details auf, die bisher nur wenige Internet-Auftritte in diesem Umfang bieten.

Sie wollen sich schnell über neue Architekturprojekte und/oder Handwerksfirmen informieren? Hier finden Sie Projekte, Architekten, Baugesellschaften, öffentliche Einrichtungen, ausführende Firmen und vieles mehr. Den Gesamtüberblick bieten Ihnen die Branchenverzeich-

nisse „Die Bauspezialisten" unserer Ausgaben, von dort erhalten Sie nach einem Mausklick auf die Adresse den entsprechenden Beitrag oder das gewünschte Firmenprofil angezeigt. Wurde in der Papierversion eine Homepage- oder E-Mail-Adresse gedruckt, so sind Sie durch die von uns als Service gesetzte Verlinkung wiederum nur einen Mausklick von der gewünschten Firmenhomepage bzw. der Kontaktaufnahme per E-Mail entfernt.

Auch ein Überblick über ausländische Bauprojekte und die Architekturszene ist auf der Seite www.bauenundwirtschaft.com möglich: Die Ausgaben des WV-Verlages erscheinen mit regionalem Bezug in Deutschland, Österreich, der Schweiz und Liechtenstein. Und wenn Sie uns mal in Deutschland besuchen möchten – unsere Wegbeschreibung via Kartenausschnitt hilft Ihnen, den Weg nach Worms zu finden.

Dass sich auch die elektronische Version unserer Architektur-Publikationen großer Beliebtheit erfreut, zeigt die hohe Listung in externen Suchmaschinen.

WIR GESTALTEN AUCH IHREN PROFESSIONELLEN INTERNET-AUFTRITT

Große Firmen haben längst die neue Internet-Plattform für sich entdeckt.

Die Unternehmen werben für sich (Imageaufbau), ihre Produkte und Dienstleistungen. Gleichzeitig haben sie per E-Mail den schnellen und direkten Kontakt zu ihren Kunden.

Auch für kleinere Unternehmen ist der Internetauftritt interessant. Die Seite im Netz schafft Raum, die Firmenphilosophie, Angebote, Leistungen und Referenzen vorzustellen. Die eigene Homepage kann alle Produkte mit Bild und Beschreibung präsentieren, eine gelungene, stets aktuelle Werbung mit geringem Aufwand – auch finanziell. Die eigene Firmen-Homepage ohne spezielles Fachwissen über Kommunikation und Programmierung zu erstellen, führt durch die unprofessionelle Außendarstellung unweigerlich zu Negativ-Werbung.

Wir beraten Sie gerne und gestalten Ihren Internet-Auftritt auf Ihr Unternehmen zugeschnitten mit vielen Serviceleistungen wie Anmeldung in Suchmaschinen oder regelmässige Aktualisierungen – zu günstigem Preis. Angebote erhalten Sie unter:

www.bauenundwirtschaft.com
oder telefonisch unter
Tel. 0 62 47/9 08 90-0,
Fax 0 62 47/9 08 90-10

Ausgewählte Publikationen

Bauen und Wirtschaft
Architektur der Region im Spiegel
Berlin 2020

Bauen und Wirtschaft
Architektur der Region im Spiegel
Metropolregion Rhein-Ruhr 2020

Bauen und Wirtschaft
Architektur der Region im Spiegel
Metropolregion Rhein-Neckar 2020

Bauen und Wirtschaft
Architektur der Region im Spiegel
Düsseldorf/Niederrhein 2019

Weitere Infos unter:
www.wv-verlag.de
www.bauenundwirtschaft.com

EXTRA DESIGN FREEDOM

Adding the EXTRA to the ORDINARY

Mit unseren neuen Aufzügen endet Innenarchitektur nicht an der Aufzugstür. Kombinieren Sie frei verschiedenste Materialien, Farben, Tableaus und Beleuchtungen, um die Fahrt mit Ihrem Aufzug zum Erlebnis zu machen. Entdecken Sie alle Möglichkeiten unserer neuen, modularen Aufzugsreihe auf schindler.com/de-extradesignfreedom

We Elevate

Schindler

Mit viel Erfahrung für große Projekte

Quartier der Generationen: „Güntzareal" – ein Hybridgebiet im Herzen von Dresden / Boulevard „Am Wall II" – der Antonsplatz wird von einem Neubaukomplex gefasst / Quartier VII.1 „Schlosseck" – die letzte Lücke am Neumarkt wird geschlossen

GÜNTZAREAL

Die Arbeitsgemeinschaft bestehend aus den Firmen Max Bögl Stiftung & Co. KG und Dreßler Bau GmbH hat für die ZBI Bau- und Entwicklungsgesellschaft Dresden mbH & Co. KG erfolgreich und terminegerecht in Dresden im Frühjahr 2020 einen innerstädtischen Komplex aus Wohnen und Gewerbe fertiggestellt. Das Güntzareal liegt im Dresdener Stadtteil Johannstadt-Nord, in direkter Nähe zur Elbe und ist von Gebäuden unterschiedlichster Architekturepochen umgeben. In unmittelbarer Nähe befinden sich gut erhaltene Bauten aus der Gründerzeit, kleine Wohnviertel im Jugendstil aber auch Plattenbauten aus den 1960er und 1970er Jahren. Sowohl die Dresdener Altstadt als auch das neue Stadtzentrum sind unkompliziert und schnell erreichbar. Vier Straßenbahn- und zwei Buslinien des ÖPNV verbinden die Johannstadt mit dem Zentrum und dem übrigen Stadtgebiet.

Neben der auf dem Areal zwischen Elsasser Straße, Elisenstraße und Gerokstraße ansässigen Ostsächsischen Sparkasse Dresden (OSD) ist ein Nutzungsmix aus Wohnen, Büro, Dienstleistung und Handel in acht Neubauten mit 19.500 m² Wohnfläche und 8.200 m² Gewerbefläche realisiert worden. Bauherr und Planer haben das Quartier bewusst durch die Verbindung von Wohnraum und Service- bzw. Nahversorgungsangeboten als Angebot für sämtliche Generationen konzipiert. Städtebaulich ist das Güntzareal als geschlossene Blockrandbebau-

Güntzareal in Dresden: In direkter Nähe zur Elbe im Stadtteil Johannstadt-Nord ist auf einem ca. 12.500 m² großen Areal ein neuer, in seiner Nutzung vielfältiger Stadtbaustein entstanden. Mitte April 2020 zogen die ersten Mieter in die insgesamt 211 familien- und seniorengerechten Wohneinheiten sowie 137 Apartments ein
Abb.: Eibe Sönnecken/Dreßler Bau GmbH

ung einzuordnen. Durch die Anordnung der Baukörper entstand jedoch mit einem Gebäudesolitär eine Platzsituation an der süd-östlichen Ecke Gerokstraße/Elisenstraße.

Güntzareal in Dresden: Ein Solitärgebäude schafft durch Form und Position eine Platzsituation an der süd-östlichen Ecke Gerokstraße/Elisenstraße
Abb.: Eibe Sönnecken/Dreßler Bau GmbH

Güntzareal in Dresden: In dem Neubau werden möblierte Apartments zur Anmietung angeboten
Abb.: Eibe Sönnecken/Dreßler Bau GmbH

Die ersten Mieter konnten bereits im April des Jahres in eine der insgesamt 348 Mietwohnungen einziehen. 211 familien- und seniorengerechte Wohneinheiten mit zwei bis fünf Zimmern sowie 137 möblierte Mikroapartments für Singles, Studenten und Geschäftstätige wurden Zug um Zug bezugsfertig.

Zu den Ankermietern, die die Handelseinheiten, zwei Gastronomieflächen und großzügige Büroeinheiten bezogen, zählen u.a. ein Lebensmittelvollsortimenter und die Filiale einer großen Drogeriemarktkette. Zum Konzept der vielfältig nutzbaren Ladeneinheiten gehören ein Reisebüro, eine Bäckerei, eine Apotheke. Eine architektonische Besonderheit ist das im Innenhof liegende Hochplateau. In Kombination mit den öffentlich zugänglichen Freiflächen schafft es eine offene und urbane Lebensqualität.

Mit einer 388 Pkw-Stellplätze fassenden Tiefgarage – rund 100 davon sind auch für die Öffentlichkeit zugänglich – wird für die Nutzer des Individualverkehrs gesorgt.

Die Gebäude wurden als klassischer Hochbau mittels Ortbeton, Hohlwänden, Elementdecken und Mauerwerk für den Rohbau realisiert. Die Abwicklung des Projekts erfolgte innerhalb eines vorab verein-

barten Kostenrahmens mit Motivationsanreiz zur Optimierung. Die Vertragspartner einigten sich auf eine Zusammenarbeit mit garantiertem Maximalpreis (GMP). Bei einer Zusammenarbeit mit GMP sichert der Auftragnehmer für das Gesamtprojekt einen Höchstpreis zu. Dieser soll aber nach Möglichkeit durch eine bestmögliche Zusammenarbeit der Vertragspartner unterschritten werden – z.B. durch Planungsoptimierungen. Die eingesparten Kosten werden dann in der Regel zwischen Auftraggeber und Auftragnehmer nach einem vereinbarten Schlüssel aufgeteilt.

Güntzareal in Dresden: In der rund 30-monatigen Planungs- und Ausführungszeit wurden rund 6.000 t Stahl und 28.000 m² Ortbeton verbaut sowie über 1.800 Türen montiert
Abb.: Eibe Sönnecken/Dreßler Bau GmbH

BOULEVARD AM WALL II

Auch bei dem Projekt Boulevard am Wall II hat die Dreßler Bau GmbH dabei mitgewirkt, eine wichtige städtebauliche Konzeption Realität werden zu lassen. Wie an vielen anderen Orten der Stadt klaffte am Dresdner Postplatz eine Wunde. Seit 1876 hatte die Oberpostdirektion dem Ort Bedeutung verliehen. Doch auch dieser Bau wurde in der Bombennacht von 1945 größtenteils zerstört. Die verbliebenen Gebäudeteile dienten bis 2001 als Post- und Fernmeldeamt. Der Platz im historischen Stadtkern von Dresden bildete nur noch einen Knotenpunkt des öffentlichen Nahverkehrs.

Dank der in den vergangenen Jahren entstandenen Gebäuden gewinnt der Postplatz wieder zentrale Bedeutung als Lebensraum, insbesondere durch neue Wohneinheiten auf dem Gelände des früheren Parkplatzes zwischen Wall- und Marienstraße. Das Mitte April 2019 fertiggestellte Bauvorhaben Wallstraße I mit 117 Wohnungen setzte schon mal Maßstäbe. Das Gebäude bietet – auch wortwörtlich – glänzende Aussichten: Seine Fassaden, die Loggien und die Fluchttreppenhäuser wurden außenseitig mit eloxal beschichtetem Lochblech in Goldoptik verkleidet, was ihnen eine interessante und extravagante Wirkung verleiht.

Binnen zweier Jahre ist der Boulevard Am Wall II entstanden. Der siebenstöckige Neubau ist der zweite Wohnkomplex, den die Baywobau CTR GmbH & Co. Wallstraße Zwei KG dort errichten ließ. In den beiden Gebäuden mit sechs Eingängen sind 170 1- bis 5-Raum-Wohnungen entstanden. Die Anlage bildet mit ihrem üppig begrünten Innenhof und einem Spielplatz einen familienfreundlichen Rückzugsraum vom Stadtgeschehen. Kaskadenartig sind die Balkone der siebengeschossigen Baukörper mit eingeschobenem Sockelgeschoss nach unten hin abgetreppt. Diese grünen „Täler" mitten in der Stadt entstehen auf den intensiv begrünten Dächern über den eigentlichen Lieferhöfen der Gebäude und heben das Wohnen in Dresdens Mitte sprichwörtlich auf eine „andere Ebene". Gepflanzt wurden Bäume wie Birken und Felsenbirnen sowie Büsche, unter anderem Zierquitten, Kiefern und Lorbeerkirschen. Der Hof des benachbarten Boulevards Am Wall I wurde schon auf diese Art gestaltet. Für diese besondere Dachbegrünung hatten die beauftragten Knerer und Lang Architekten und

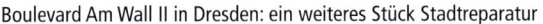

Boulevard Am Wall II in Dresden: ein weiteres Stück Stadtreparatur
Abb.: Dreßler Bau GmbH

Am Wall II in Dresden: Nach außen zeigen sich die Neubauten als robuste städtische Wohnblöcke mit Einkaufsmöglichkeiten im Erdgeschoss. Für die Bewohner jedoch öffnet sich der Blick in die terrassiert angelegten begrünten Innenhöfe, die Schutz vor Lärm bieten und Erholung auf den zu den Wohnungen gehörigen Terrassen und Balkonen ermöglichen
Abbildungen: Eibe Sönnecken/Dreßler Bau GmbH

die Noack Landschaftsarchitekten im Wettbewerb „Dresden baut grün" im vergangenen Jahr einen 3. Platz belegt. Für den urbanen Charakter sorgen vier Ladeneinheiten in den Erdgeschosszonen. Als

Zusatzauftrag wurde eine Bäckerei komplett schlüsselfertig mit ausgebaut. Eine Tiefgaragenebene und ein Parkbereich im Erdgeschoss komplettieren das Konzept, welches aus dem Dresdner Büro Knerer und Lang Architekten GmbH stammt. Für die Mieter gibt es in der zweistöckigen Tiefgarage 187 Stellplätze für Autos und zudem 160 für Fahrräder.

Wie schon der Straßenname vermuten lässt, befanden sich historisch an der Wallstraße Dresdens Befestigungsanlagen, die erst im 19. Jh. geschliffen wurden, um Platz für Bauten der Post in unmittelbarer Nähe zum Postplatz zu schaffen. Kein Wunder also, dass bei den Bauarbeiten am Wall II ein Stück der alten Dresdner Stadtmauer freigelegt wurde. Sie besteht als Teil des Gebäudes weiter, ist aber nicht zu sehen, da sie im Untergeschoss mit Beton ummantelt werden musste, um das Einlaufen von Grundwasser zu verhindern. Die Betonpumpe stand übrigens aus Platzgründen während der Betonagen in der Rohbauphase im Gebäude. Durch eine extra angelegte Betonage-Öffnung in der Decke über dem 1. Obergeschoss wurde sie dort von den Betonfahrzeugen beliefert. Das im Innenausbau der Wohnungen zur Anwendung gekommene Lean-Verfahren ermöglichte sowohl qualitativ als auch zeitlich betrachtet ein hohes Niveau. Die Planung und ihre Ausführungsprozesse werden ganzheitlich betrachtet und gestaltet, um die Bauherrenbedürfnisse besser zu erfüllen. Dabei wird die Arbeit durchgehend durch den gesamten Prozess so organisiert, dass der Wert für die Kunden maximiert und Verschwendung reduziert wird. Die Optimierungsbemühungen konzentrieren sich auf die Verbesserung der Gesamtleistung des Projektes, anstatt auf die einzelner Teilbereiche. Die mängelfreie Übergabe erfolgte auf Wunsch des Bauherrn punktgenau.

DAS SCHLOSSECK – QUARTIER VII.1 AM NEUMARKT

Im April 2019 wurde nach einem längeren Planungsvorlauf mit dem Bau des Wohn- und Geschäftshauses „Schlosseck-Quartier VII.1" begonnen. Das Projekt der Dresdner Baywobau wird die Lücke zwischen Schloßstraße, Sporer-, Schösser- und Rosmaringasse schließen. Hintergrund für die Verzögerungen des Baubeginns ist die Fensterproblematik. Die Stadt hatte zunächst untersagt, dass in den Gebäuden die Fenster geöffnet werden dürfen, weil in der nahen Anlieferzone des Kulturpalastes nachts zu viel Lärm entsteht. Der Investor erklär-

Schlosseck in Dresden: Das Bauprojekt wird die Lücke zwischen Kulturpalast und dem Swissotel auf der Ostseite der Dresdner Schloßstraße schließen. Neben vornehm moderner Architektur werden zwei Leitfassaden und zwei Leitbauten errichtet
Abb.: Baywobau

te sich bereit, eine Einhausung für die Lieferzone, die schallgedämmt ist, zu errichten. Zudem entstehen sehr aufwendige Fassaden, die die Baukosten ebenfalls erhöhen.

Auf dem rund 14.800 m² großen Baufeld errichtet die Dreßler Bau GmbH als Generalunternehmer einen Komplex aus fünf Häusern, in dem das Caesarsche und das Fürstliche Haus (1945 zerstört) als Leitbauten nach historischem Vorbild sowie moderne Gebäude entstehen sollen. Es werden insgesamt 53 Mieteinheiten in 2- bis 5-Raum-Wohnungen mit 60 m² bis 150 m² Wohnfläche realisiert. Das Erdgeschoss des Wohn- und Geschäftshauses wird zukünftig gewerblich genutzt. Entlang der Schloßstraße, Sporer- und Schössergasse entstehen hochwertige Ladeneinheiten. Vis-à-Vis des Kulturpalastes auf der Gebäudesüdseite – entlang der Rosmaringasse – ist eine gastronomische Nutzung vorgesehen. So wird das Erkerrelief des Kurfürstenpaares, das noch im Stadtmuseum ausgestellt ist, in die Fassade integriert, welche originalgetreu ebenso wie die des Caesarschen Hauses, ein spätbarockes Wohnhaus im Rokokostil, wiederhergestellt wird. Der Grundriss des Fürstlichen Hauses ist komplett neu und heutigen Ansprüchen und Anforderungen entsprechend aufgeteilt.

Es wird damit gerechnet, dass nach zwei Jahren Bauzeit die Mieter Mitte 2021 einziehen können.

-Projekt „Güntzareal Dresden"
Generalunternehmer:
Arge Güntzareal, Max Bögl Leipzig/Dreßler Bau GmbH Dresden
Bauherr:
ZBI Bau- und Entwicklungsges. Dresden mbH & Co. KG, Dresden
Planender Architekt:
Code Unique Architekten GmbH, Dresden/O + M Architekten GmbH, Dresden

-Projekt „Boulevard Am Wall II"
Generalunternehmer:
Dreßler Bau GmbH, Dresden
Bauherr:
Baywobau CTR GmbH & Co. Wallstraße II KG, Dresden
Planender Architekt:
Knerer und Lang Architekten, Dresden

-Projekt „Quartier VII.1 Schloßeck Dresden"
Generalunternehmer:
Dreßler Bau GmbH, Dresden
Bauherr:
Schlosseck Dresden GmbH & Co. KG,
vertreten durch Baywobau Dresden
Planender Architekt:
IPROconsult GmbH, Dresden (Generalplaner für Planungen Architektur, Tragwerk, TGA, Brandschutz)/Knerer & Lang Architekten GmbH, Dresden/Wörner Traxler Richter Architekten GmbH, Dresden (Fassaden Rosmaringasse)

Partner am Bau:
• Züblin Stahlbau GmbH
• ASSMANN BERATEN + PLANEN GmbH
• Estrichbau Bernd Stiegler GmbH & Co. KG
• Fußboden-Design Wagenknecht GmbH
• DZH-Schepitz GmbH
• Betonwerk Spittwitz GmbH
• IBD Ingenieurbüro für Energie- und Haustechnik Andreas Duba GmbH
• Wärme- und Klimatechnik GmbH
• Werner Genest und Partner Ingenieurgesellschaft mbH
• KLUGE Klima- und Filtertechnik GmbH
• IFTD Ingenieurbüro für Fenster- und Fassadentechnik Dresden GmbH
• Thiele Brandschutz GmbH
• WISAG Gebäude- und Industrieservice Mitteldeutschland GmbH & Co. KG
• Fliesen Unganz
• AP Bau- und Projektmanagement GmbH
• ALOS Elementebau GmbH
• ALLProjekt Wohn- und Gewerbebau GmbH Dresden
• Mayer-Vorfelder und Dinkelacker Ingenieurgesellschaft für Bauwesen GmbH & Co. KG
• Jäger Ingenieure GmbH
• Dresdner Bohrgesellschaft mbH

Züblin Stahlbau GmbH: Maßgeschneiderte Konzepte für anspruchsvolle Projekte

Breite Leistungspalette aus einer Hand

Die Vorfertigung der Stahlelemente für die Bogenbrücke in der Höllentalklamm erforderte viele manuelle Arbeitsschritte   Copyright: Ed. Züblin AG

Die Züblin Stahlbau GmbH mit Hauptsitz in Hosena (Brandenburg) sowie einer Betriebsstätte in Sande (Niedersachsen) gehört seit 1992 als 100%ige Tochtergesellschaft zur Ed. Züblin AG, Stuttgart. Wir sind eine international aufgestellte Baudienstleisterin und eines der führenden Stahlbauunternehmen Deutschlands. Unsere Kernkompetenzen decken ein breites Produkt- und Leistungsspektrum ab: Vom Industrie- und Anlagenbau, Hallen- und Logistikbau, Kraftwerksbau, Infrastruktur- und Stahlbrückenbau bis hin zur Fassadentechnik

bieten wir unseren Kundinnen und Kunden alle Leistungen aus einer Hand. Dabei setzen wir auf eigene Fertigungsbetriebe, das spezialisierte Know-how unserer rd. 350 Mitarbeiterinnen und Mitarbeiter sowie starke Partnerschaften in allen Bereichen.

Wir blicken auf eine über 70-jährige Tradition im Stahlbau zurück und sind technisch sowie personell hervorragend aufgestellt. In der Stahlbauproduktion erreichen wir heute eine Jahreskapazität von bis zu 25.000 t.

Mit unseren zwei modernen Fertigungsstandorten, leistungsfähigen Technischen Büros und erfahrenen Projekt- und Montageteams stehen wir unseren Auftraggeberinnen und Auftraggebern verlässlich zur Seite, und zwar für Projekte jeglicher Größenordnung: von dem eher kleinen, aber hochkomplexen Bau einer Brücke und zwei Stegen in der Höllentalklamm bis zur Fertigung und Montage der Stahlkonstruktionen für die Müllverbrennungsanlage Amager Bakke (Kopenhagen), der Erweiterung des Hangars auf dem Flughafen Dresden oder dem Ausbau des Werkgeländes für Porsche in Leipzig.

ZÜBLIN STAHLBAU GIBT VOLLGAS FÜR PORSCHE

Bei der Werkserweiterung von Porsche in Leipzig ist die Züblin Stahlbau GmbH für die technische Werkstatt- und Montageplanung, die Fertigung und Montage der rd. 12.000 t schweren Stahlkonstruktion sowie die Lieferung und Verlegung der Dachtrapezbleche mit einer Gesamtfläche von 75.000 m² verantwortlich.

Um dieses komplexe Großprojekt innerhalb des eng gesteckten Zeitrahmens pünktlich und budgetgerecht fertigzustellen, setzt das

Amager Resource Center Kopenhagen, Müllverbrennungsanlage mit Skipiste
Copyright: ARC Christoffer Regild

Bei der Porsche-Werkserweiterung in Leipzig verarbeitet ZÜBLIN rd. 12.000 t Stahl
Copyright: Ed. Züblin AG

VERSTÄRKUNG GESUCHT

Zur Umsetzung unserer interessanten und technisch anspruchsvollen Projekte suchen wir Verstärkung. Sie haben ein abgeschlossenes Studium im Bauingenieurwesen (FH oder TH) und mehrjährige Berufserfahrung in der Projekt- oder Baustellenabwicklung? Oder alternativ eine abgeschlossene technische Berufsausbildung und einschlägige Berufserfahrung im Bereich der Stahlbaumontage, wünschenswert im Stahlhochbau oder Stahlbrückenbau? Sie arbeiten eigenverantwortlich und selbstständig? Dann bewerben Sie sich bei uns für die Mitarbeit in einem starken Team. Wir freuen uns auf Ihre Bewerbung!

Werk in Hosena wöchentlich bis zu 650 t Stahl, zum Teil mit Sonderabmessungen von bis zu 24 m Länge und Einzelgewichten bis zu 38 t, verarbeitet. Zum Vergleich: Normalerweise liegt die Maximalauslastung bei 400 t. Durchschnittlich werden zur Gewährleistung einer reibungslosen Montage 8 bis 10 Lkw pro Tag auf der Baustelle in Leipzig entladen.

Entsprechend dem detaillierten Montagekonzept von ZÜBLIN Stahlbau und den darin fixierten Zeitvorgaben für die Errichtung der einzelnen Gebäudeabschnitte können planmäßig innerhalb von 6 Monaten ca. 10.000 t Tragkonstruktionen, Ebenen- und Sekundärstahlbau montiert werden. Zeitversetzt erfolgte von Oktober 2019 bis März 2020 die Verlegung der Dachtrapezbleche als Tragschale auf den Obergurten der Dachkonstruktion. Insgesamt wird das Montageteam bis zur geplanten Fertigstellung im September 2020 rd. 12.000 t Stahl verbauen – dies entspricht ziemlich genau dem Gewicht des Eiffelturms.

Expertenteam von ZÜBLIN Stahlbau auf ein maßgeschneidertes Realisierungskonzept mit LEAN-Methoden: Dies beinhaltet die Optimierung der Materialflüsse, Logistik und Fertigungsprozesse sowie der Kapazitäts- und Durchlaufplanung. So werden für das Porsche-Projekt im

Stahlkonstruktion für die Erweiterung des Hangars A230 am Dresdener Flughafen
Copyright: Elbe Flugzeugwerke Dresden

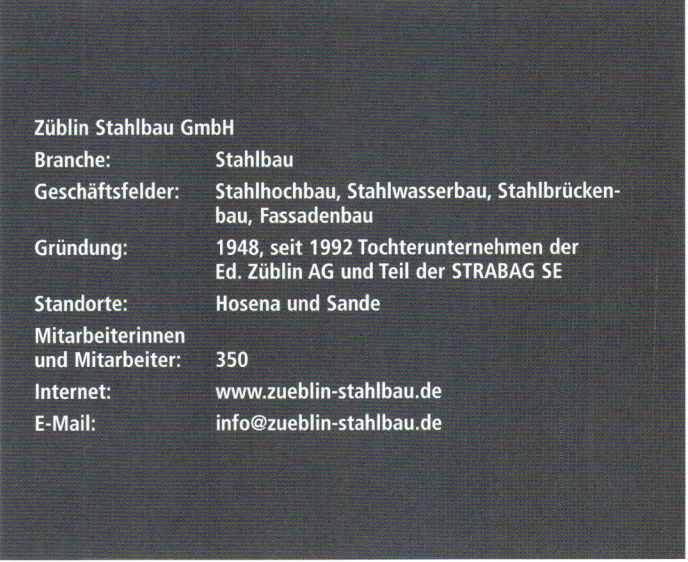

Züblin Stahlbau GmbH	
Branche:	Stahlbau
Geschäftsfelder:	Stahlhochbau, Stahlwasserbau, Stahlbrückenbau, Fassadenbau
Gründung:	1948, seit 1992 Tochterunternehmen der Ed. Züblin AG und Teil der STRABAG SE
Standorte:	Hosena und Sande
Mitarbeiterinnen und Mitarbeiter:	350
Internet:	www.zueblin-stahlbau.de
E-Mail:	info@zueblin-stahlbau.de

„Problemlöser und Manager"

„Problemlöser und Manager"- so könnte man das Selbstverständnis von ASSMANN BERATEN + PLANEN bei der Generalplanung von komplexen Bauprojekten wie Sportstätten, Einkaufszentren, Verwaltungsgebäuden und Produktionsstätten für die Industrie beschreiben. Im Spannungsfeld von Terminen, Kosten und Qualitäten wissen unsere Kunden, dass wir konsequent ihre Interessen wahrnehmen und Zusagen einhalten.

ASSMANN BERATEN + PLANEN gehört mit rund 480 Mitarbeitern an 10 Standorten und über 60 Jahren Erfahrung zu den führenden deutschen, international tätigen Planungs- und Beratungsgesellschaften.

Fachkompetenzen auf hohem Niveau stehen bei ASSMANN BERATEN + PLANEN in Fülle zur Verfügung. Unsere besondere Stärke ist die Fähigkeit, die enorme Komplexität bei der planerischen Bewältigung von Großvorhaben so zu reduzieren, dass unsere Auftraggeber jederzeit über alle Informationen verfügen, die für die notwendigen Entscheidungen in der Bauherrenrolle relevant sind.

Wir sind dabei fokussiert auf ein Ziel: Sie in Ihrer Rolle als Bauherren zu entlasten, Ihnen Sicherheit zu geben und die Gewissheit, dass Sie und Ihre Investments bei ASSMANN BERATEN + PLANEN in guten Händen sind.

Ein Unternehmen der BKW Engineering.

Assmann Beraten + Planen GmbH, Dresden

Fachkompetenz, Zuverlässigkeit, langjährige Erfahrung

Wohnquartier am Altmarkt in Dresden
Abb.: REVITALIS/cube visualisierungen

Boulevard Am Wall II in Dresden
Abb.: Dreßler Bau GmbH

Schwimmende Estriche

- Zement- und Anhydritestrich
- Fließestriche
- Heizestriche
- Schnellestriche & Spezialestriche

Industrieestriche

- Hartstoffestriche
- Hartstoffeinstreuung
- Riffelestriche

Dämmschichten

- Dämmung
- Wärmedämmung
- Trockenschüttung

Abdichtungen

- Feuchtigkeitsisolierung

Wir sind ein modernes Unternehmen, das auf handwerklich alte Traditionen aufbaut, aber reagieren auch sehr flexibel und schnell auf Marktänderungen und neue Entwicklungen.

Unser Unternehmen zeichnet sich durch große Fachkompetenz, Zuverlässigkeit, langjährige Erfahrung und durch einen immer partnerschaftlichen Umgang mit Kunden und Lieferanten aus.

ESTRICHBAU

BERND STIEGLER

Estrichbau Bernd Stiegler GmbH & Co. KG
Struppener Straße 95, 01259 Dresden
Mobil 0049 (0)171 575 27 68
info@estrichbau-stiegler.de
www.estrichbau-stiegler.de

Ob elegant, praktisch oder behaglich für Büro, Praxis, Haus oder Wohnung

Zum Wohlfühlen und zur Gemütlichkeit gehört auch eine stilvolle Bodengestaltung. Unsere Firma ist spezialisiert auf Fertigparkettböden, Laminat, Holzparkett und Massivdiele.

Kreativität und Geschick sind gefragt für verschiedene Verlegmöglichkeiten – ob in geometrischen Mustern, vollflächig oder in dekorativen Bahnen. Wir haben uns auf den Verkauf und das fachgerechte Verlegen von Bodenbelägen spezialisiert. Wir stehen Ihnen für eine fachgerechte Beratung gerne zur Verfügung. Ein Aufmaß beim Kunden und eine fachgerechte Ausführung sämtlicher Arbeiten sind für uns selbstverständlich. Ausbau und Entsorgung Ihres Altbelages sowie eine Unterbodensanierung gehören zu unserem Leistungsumfang. Sowohl Großkunden, als auch private Auftraggeber schätzen uns als kompetenten Partner mit breiter Auswahl an fachgerechten Dienstleistungen.

Vorangehend steht für uns ein persönliches Gespräch, um Ihre persönlichen Vorstellungen in Verbindung mit einer fachkompetenten Beratung realisieren zu können. Wir berücksichtigen Ihre Sonderwünsche in Bezug auf Verlegtechnik und Beiwerk. Wartung und Betreuung bieten wir auf Wunsch auch nach Abschluss aller Bodenbelagsarbeiten.

Holz ist ein Naturprodukt, seine typischen Farb- und Strukturunterschiede erheben jede Parkettdiele zu einem Unikat. Abweichungen von den im Katalog gezeigten Abbildungen sind meist unvermeidlich. Parkett hat sich bereits seit Jahrhunderten bewährt und zählt heute augrund seiner optischen und wohnbiologischen Vorzüge zu den beliebtesten Fußböden. Zu den natürlichen Eigenschaften des Holzes gehört die Hygroskopizität,

das heißt, Holz passt seinen Feuchtigkeitsgehalt seiner Umgebung an. Diesen Vorgang bezeichnet man als das Arbeiten des Holzes (Quellen und Schwinden).

Bei einer Luftfeuchtigkeit über 65% (in den Sommermonaten) und einer Luftfeuchtigkeit unter 40% (in der Heizperiode) kann es daher zu wahrnehmbaren Dimensionsänderungen der Parkettelemente kommen (Schwindfugen in der Heizperiode, Schüsselung im Sommer). Ein trockener Estrich und Baufeuchte sind in diesem Zusammenhang ebenfalls sehr wichtig. Zur Werterhaltung Ihres Parkettbodens achten Sie darauf, dass die Raumtemperatur stets zwischen 20-22°C liegt und die relative Luftfeuchtigkeit bei ca. 55%. Dieses Wohnklima dient nicht nur zur Werterhaltung Ihres Holzfußbodens sondern auch dem Wohlbefinden und der Gesundheit der Bewohner. In der Heizperiode empfehlen wir das Aufstellen eines Luftbefeuchters. Die richtige Pflege der Böden dient ebenfalls der Werterhaltung; Hinweise dazu entnehmen Sie bitte den beiliegenden Pflegeanleitungen oder fordern Sie diese bei uns an. Als Naturstoff reagiert Holz auf Tageslicht, indem es sich im Laufe der Zeit verfärbt bzw. nachdunkelt. Diese Veränderung wirkt sich positiv auf das Parkett aus. Seine naturgegebene Holzfarbe wird dadurch intensiviert und seine natürliche Note vertieft. Die stärksten Farbveränderungen erfolgen meist in den ersten Wochen nach der Verlegung.

Fußboden-Design Wagenknecht GmbH, Schkeuditz OT Dözig

Fachkompetente Beratung steht am Anfang jedes Vorhabens.
Firmengründer, der Parkettlegemeister Jens Wagenknecht und seine qualifizierten Mitarbeiter bringen jahrzehntelange Erfahrung in jedes Projekt ein, um die Vorstellungen und Sonderwünsche der Auftraggeber umzusetzen. Das hat sich herumgesprochen – eine Vielzahl von Referenzobjekten im In- und Ausland zeugen davon.

Wir können das!

- Altbodensanierung
- Verlegung von Massiv-Parkettböden
- Schleiftechnik
- Trockenbodenkonstruktionen
- schwimmende Verlegung von Fertigparkett
- Blindbodenkonstruktionen
- Entfernung von Altbelägen
- Untergrundvorbereitungen
- Estrichprüfungen
- Montage von Sockelleisten
- Pflegen, Reinigen und Polieren
- Sanierungen/Renovierungen von Treppen
- Sonderanfertigungen und Intarsien

Fußboden-Design Wagenknecht GmbH, Paul-Wäge-Str. 13 b, 04435 Schkeuditz OT Dölzig
Tel. (034205) / 99 000, Fax (034205) 99 001, fussbodendesign-jw@freenet.de, www.fd-wagenknecht.de

DZH·SCHEPITZ

Von der Großbaustelle bis zum Einfamilienhaus, von der Planung bis zum rentablen Gebäudebetrieb – die DZH-Schepitz GmbH ist der richtige Partner.

Die DZH-Schepitz GmbH ist ein im Großraum Dresden tätiges Energie- und Gebäudetechnik-Unternehmen, das zudem Teil der Maurer-Firmengruppe ist, die mit 13 Tochterunternehmen und etwa 400 Mitarbeitern im gesamten Bundesgebiet zu den führenden Anbietern in den Bereichen Bad & Heizung und Energie & Gebäudetechnik zählt.

Das Leistungsspektrum für Gewerbekunden
- Heizung • Klima • Sanitär • Planung
- Medienversorgung • Gebäudeautomation • Generalübernehmer • Contracting

Gut organisierte Abläufe sorgen für planmäßige Fertigstellung. Erfahrene Ingenieure, Techniker und Handwerksmeister arbeiten lösungsorientiert für den gemeinsamen Projekterfolg. Den Anforderungen entsprechend werden Projektteams zusammengestellt. Persönliche Ansprechpartner begleiten die Kunden über alle Projektphasen. Die sog. „Schnittstellenproblematik" wird durch ganzheitliche Planung und zuverlässige Ausführung vermieden. Das spart Zeit, Aufwand und senkt die Kosten. Ein Notdienst steht rund um die Uhr an 365 Tagen im Jahr bereit.

Das Leistungsspektrum für Privatkunden
- Bad • Heizung • Regenerative Energie • Wohnkomfort • Planung

Erfahrene Ingenieure, Techniker und Handwerksmeister arbeiten lösungsorientiert für den gemeinsamen Projekterfolg. Der persönliche Ansprechpartner sorgt für minimale Belästigungen und dafür, dass sämtliche Arbeiten optimal und termingerecht erledigt werden. Nach der Bauphase erfolgt eine gründliche Reinigung. Die Option des Festpreisangebots bringt Kostensicherheit. Mit dem Einsatz von umweltverträglichen Materialien und energiesparenden Produkten wird ein Beitrag zur Nachhaltigkeit geleistet.

www.dzh.de

DZH-Schepitz GmbH
Schlüterstraße 37, 01277 Dresden
Fon 03 51/3 36 56-0, Fax 03 51/3 36 56-92
info@dzh.de

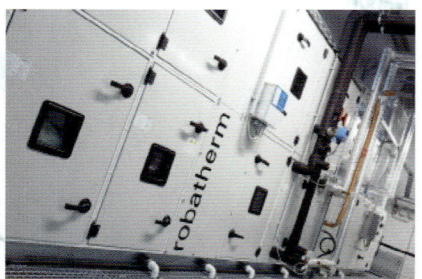

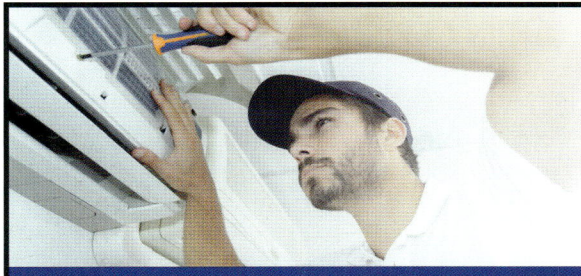

▶Produktinfo

Diese Lichtröhren ermöglichen Tageslicht ohne Wärmeverlust

In dieser lichtdurchfluteten Küche macht das Kochen richtig Spaß   (Foto: epr/Green Lighting)

(epr) Die meisten Menschen fühlen sich an hellen Tagen wesentlich energiegeladener als an trüben. Räume ohne Tageslicht werden daher schnell als bedrückend empfunden. Lichtröhren, die das Licht von außen ins Innere eines Hauses leiten, schaffen hier Abhilfe.
Die Lightway Tageslichtsysteme von Green Lighting sorgen in Zimmern mit wenigen oder gar keinen Fenstern für eine natürliche Beleuchtung. Dabei wird das Tageslicht über eine Lichtkuppel eingefangen und durch eine reflektierende Lichtröhre in die dunkleren Räume geleitet. Green Lighting ist nach eigenen Angaben der einzige Anbieter von Tageslichtsystemen, der Licht ins Haus bekommt, ohne dabei Wärme zu verlieren. Detaillierte Planungshilfen gibt es auf www.green-lighting.de.

Gute Laune durch helles Licht – mit den Lightway Tageslichtsystemen von Green Lighting. Eine ideale Lösung für innenliegende Bäder
(Foto: epr/Green Lighting)

Vision klimaneutrales Parken

Intelligent-Lighting-Lösung für bis zu 92 Prozent Energieersparnis

Statt dauerhaft beleuchtet zu werden und enorm viel Energie zu verschwenden, lassen sich Parkhäuser und Tiefgaragen nahezu klimaneutral beleuchten
Abb.: photo@davidfranck.de/STEINEL

Statt dauerhaft beleuchtet zu werden und enorm viel Energie zu verschwenden, lassen sich Parkhäuser und Tiefgaragen nahezu klimaneutral beleuchten. Im Zentrum der speziell für Parkflächen entwickelten Intelligence-Lighting-Lösung von STEINEL steht die LED-Sensorleuchte RS PRO Connect 5100 LED. Die nutzungsabhängige Lichtschaltung wird mit einer intelligenten Vernetzung per Bluetooth und der smarten Steuerung modernster LED-Leuchten kombiniert. Die Bildung von Lichtgruppen und eine zeitabhängige Schaltung des Lichts bietet ein Energieeinsparpotenzial von bis zu 92 Prozent. Komfortfunktionen geben den Nutzern ein Gefühl der Sicherheit und machen den Aufenthalt auf der Parkfläche angenehmer. Eine hellere Ausleuchtung verbessert zudem die Sicherheit auf der Verkehrsfläche. Auf diese Weise werden Gebäude intelligent, reduzieren den Energieverbrauch und die CO_2-Emissionen und bieten gleichzeitig Renditechancen für Parkflächenbetreiber.

GANZJÄHRIGE ENERGIEVERSCHWENDUNG

Tiefgaragen und Parkhäuser weisen meist eine sehr weitläufige Architektur mit oftmals schwer einsehbaren Bereichen auf. Um die Verkehrssicherheit zu gewährleisten und die Aufenthaltsqualität sowie das Sicherheitsempfinden für die Nutzer erträglich zu gestalten, werden Parkflächen häufig rund um die Uhr beleuchtet, oftmals sogar 365 Tage im Jahr. Hinzu kommt, dass vielfach veraltete Lichtsysteme im Einsatz sind. All dies führt zu einer offensichtlichen Energieverschwendung. Um den strenger werdenden Effizienzvorgaben gerecht zu werden und den Energieverbrauch zu minimieren, sind intelligente Lösungen gefragt. Sie müssen so gestaltet sein, dass sowohl Parkflächenbetreiber als auch Nutzer davon profitieren.

SMARTE LICHTVERNETZUNG

Die Installation modernster Lichtsysteme wie die LED-Sensorleuchte RS PRO Connect 5100 LED von STEINEL schafft die Voraussetzung für Intelligent Lighting auf Parkflächen. Mit ihrem 360-Grad-Hochfrequenz-Sensor, einem langlebigen 30 Watt LED-Lichtsystem sowie ihrer kabellosen Vernetzbarkeit per Bluetooth bildet sie die Basis für eine intelligente Lichtsteuerung und ein hohes Energieeinsparpotenzial.

Smart bedient und eingestellt, können installierte Leuchten einfach via STEINEL Connect App in Lichtgruppen zusammengefasst werden. Entsprechend gesteuert, wird Licht immer genau dort eingeschaltet, wo sich Nutzer aufhalten und Licht benötigt wird. Auf nicht genutzten Flächen bleibt es ausgeschaltet oder in einer gedimmten Ausleuchtung.

Individuell einstellbare Zeitintervalle sorgen dafür, dass das Licht auf einen gedimmten Lichtlevel runterfährt, wenn keine Nutzung mehr detektiert wird. Hält sich längere Zeit niemand mehr in dem entsprechenden Bereich auf, kann das Licht komplett ausgeschaltet werden. Messungen zeigen, dass durch eine optimale Steuerung der Energieverbrauch für ein Parkdeck auf unter 10 Prozent reduziert werden kann.

MITLAUFENDES LICHT FÜR MEHR SICHERHEIT UND KOMFORT

Um den Parkhaus-Nutzern immer optimales Licht zu bieten, ermöglicht die Nachbarfunktion, Lichtsysteme in benachbarten Bereichen zu aktivieren. Damit ist immer dort Licht eingeschaltet, wo sich der Nutzer gerade aufhält und in Kürze sein wird. Das Licht begleitet ihn quasi auf dem Weg durch die Parkfläche bis zu seinem Ziel. Auf diese Weise kann auch die Beleuchtung in angrenzenden Raumbereichen wie zum Beispiel im Treppenhaus einbezogen werden.

RENDITECHANCE FÜR PARKFLÄCHEN-BETREIBER

Die Installation einer Intelligent-Lighting-Lösung von STEINEL bietet für Parkflächenbetreiber echte Renditechancen. Die Investitionskosten für die Umrüstung auf eine moderne Beleuchtung amortisieren sich meist schon in nur wenigen Monaten aufgrund der hohen Energieersparnis. In Hinblick auf Effizienzvorgaben verbessert sich zudem auch der Wert der Immobilie.

Weitere Informationen: STEINEL Vertrieb GmbH, 33442 Herzebrock-Clarholz.

Mit jedem Projekt ein Stück Zukunft entwickeln

Wohn- und Geschäftshaus „Haus Postplatz": einkaufen, genießen und leben im Herzen Dresdens / „Johannis-Quartier" in Chemnitz: Büro- und Geschäftshaus mit Hotel / „Future Living": Hotel und Co-Living nahe am Leipziger Hauptbahnhof

„Haus Postplatz" in Dresden: Direkt gegenüber dem Shoppingcenter Altmarktgalerie und mit Blick auf den Dresdner Zwinger sind insgesamt rund 11.500 m² Gewerbeflächen und 68 Mietwohnungen in Größen von 70 bis 160 m² entstanden
Abb.: Michael Moser Images

Die FAY Projects GmbH mit Sitz in Mannheim ist innovativ aus Tradition und beschäftigt sich mit der Projektentwicklung von Unternehmensimmobilien, wohnungswirtschaftlichen Immobilienprojekten, der Revitalisierung von Bestandsimmobilien sowie der Schaffung von Bauwerken mit langfristigem Potenzial. Dabei ist auch die Quartiersentwicklung kein Fremdwort. Seit nunmehr fast 60 Jahren ist das Unternehmen erfolgreich am Markt tätig.

Nachfolgend werden drei Projektentwicklungen aus Sachsen vorgestellt.

„HAUS POSTPLATZ", DRESDEN

Nur einen Steinwurf von den weltberühmten Sehenswürdigkeiten Dresdens entfernt, ist an historischer Stelle das neue Haus Postplatz realisiert worden. Ein perfekter Ort zum Leben, Arbeiten, Einkaufen und Genießen mitten im Herzen der sächsischen Metropole, mitten im ehrwürdigen Herzen Europas. Der Postplatz – bis 1865 Wilsdruffer T(h)orplatz – ist für Dresden das, was der Potsdamer Platz für Berlin ist: zentraler Verkehrsknotenpunkt und Mittelpunkt des urbanen Lebens. Direkt gegenüber dem Zwinger stellt er das Tor zur Altstadt mit ihren zahlreichen Sehenswürdigkeiten dar. Am Postplatz trifft das historische Dresden auf moderne Architektur. Im Zuge der Rekonstruktion des historischen Platzes entstehen im Umfeld zahlreiche neue und spannende Projekte für Wohnen, Leben und Arbeiten. Im Zentrum dieser Entwicklung: Haus Postplatz.

Das von den Architekten TCHOBAN VOSS entworfene Wohn- und Geschäftshaus besitzt eine Gesamtmietfläche von rund 18.000 m² auf sieben Geschossen und wurde bereits Ende 2018 im Rahmen eines

Forward-Sales an Wealthcap veräußert und Ende 2019 an diese übergeben. „Nach 22 Monaten Bauzeit übergeben wir ein vielgestaltiges Gebäude, das das architektonische Gesicht Dresdens an einem seiner zentralen Plätze nachhaltig prägen wird", beschreibt Wolfgang Heid, Vorsitzender der Geschäftsführung der FAY Projects GmbH das fertiggestellte und an den Käufer übergegangene Gebäude. „Das Haus Postplatz fügt sich mit seinen runden Ecken harmonisch in die Umgebung ein und schafft einen fließenden Übergang zu den umliegenden Straßenzügen", ergänzte Cunar Meyer, Projektleiter bei FAY und Geschäftsführer der PPE Postplatz Projektentwicklungsgesellschaft mbH.

Aktuell läuft noch die Vermietung der Wohnungen welche über das Maklerbüro Johannes & Partner aus Dresden angeboten werden. Die ersten Wohnungsmieter sind bereits eingezogen.

Die komplette Fertigstellung ist im Frühjahr 2020 erfolgt. Die ersten

„Haus Postplatz" in Dresden: Das Haus mit den runden Ecken fügt sich durch seine zeitlose Architektur harmonisch in das Stadtbild ein. Besonders repräsentativ sind die hochwertige und langlebige Klinkerfassade und die zweigeschossigen Fensterelemente aus Aluminiumprofilen, die den Gebäudesockel höher aussehen lassen
Abb.: Michael Moser Images

Gewerbeflächen wurden bereits im vergangenen Jahr an die Mieter übergeben.

In den oberen drei Geschossen befinden sich 68 Wohnungen – für die auf der dritten Etage auch ein Innenhof errichtet wurde. Eine Tiefgarage mit 143 Stellplätzen in den beiden Untergeschossen wird von Q-Park betrieben. Das Erdgeschoss sowie die beiden Etagen darüber sind für Gastronomie und Einzelhandel sowie ein Fitnessstudio vorbehalten. Rund 11.500 m² stehen als Gewerbefläche zur Verfügung. Das Haus „mit den runden Ecken" wurde bereits im Oktober 2017 von der Deutschen Gesellschaft für Nachhaltiges Bauen mit dem Vorzertifikat in GOLD ausgezeichnet.

„JOHANNIS-QUARTIER", CHEMNITZ

Chemnitz ist die drittgrößte Stadt Sachsens und war als Produktionsstandort jahrelang geprägt von einer mittelständischen Industriestruktur. Seit geraumer Zeit entwickelt sich die Stadt zu einem Forschungs- und Entwicklungsstandort, initiiert u.a. von der dort ansässigen Technischen Universität und einer Vielzahl weiterer Forschungseinrichtungen. Das Stadtbild ist geprägt von Tradition und Moderne. Klassiker der Gründerzeit, des Bauhauses und der Neuen Sachlichkeit treffen auf Bauten renommierter Architekten wie Hans Kollhoff, Christoph Ingenhoven und Helmut Jahn.

Das Johannis-Quartier in der Chemnitzer Innenstadt besticht durch seine einzigartige Zentrumslage und Erreichbarkeit. In dieser 1a-Lage wird zurzeit für den kommunalen Energieversorger eins energie in sachsen GmbH & Co. KG eine neue Zentrale errichtet. Unter Anwesenheit von Oberbürgermeisterin Barbara Ludwig erfolgte im Mai 2019 die Grundsteinlegung für die Hochbau-Arbeiten. Das neue Gebäude entsteht auf dem 5.700 m² großen Grundstück an der Bahnhofstraße/Ecke Johannisplatz durch den Mannheimer Projektentwickler FAY Projects GmbH in Zusammenarbeit mit TCHOBAN VOSS Architekten und dem Bauunternehmen Köster GmbH.

„Johannis-Quartier" in Chemnitz: Am Johannisplatz der Innenstadt entsteht auf einem 5.700 m² großen Grundstück das Johannis-Quartier. Es wird aus einem bis zu sechsgeschossigen Büro- und Geschäftshaus inklusive Tiefgarage und Hochgarage bestehen. Die Zentrale des kommunalen Energieversorgers eins energie in sachsen GmbH & Co. KG wird auf einer Fläche von ca. 13.500 m² Einzug nehmen. Rund 5.050 m² werden von einem Hotel der Marke „Super 8" mit 172 Zimmern betrieben werden
Abbildungen: Quelle FAY

Im Herbst 2021 werden die Mitarbeiterinnen und Mitarbeiter von eins energie rund 13.500 m² des sechsgeschossigen Büro- und Geschäftshauses beziehen. Weitere 5.500 m² werden durch ein Hotel und kleinere Einzelhandelsgeschäfte genutzt. In einer zweigeschossigen Tiefgarage und einem Parkhaus stehen Mitarbeitern, Kunden und Gästen 350 Pkw-Stellplätze zur Verfügung.

„Mit dieser feierlichen Grundsteinlegung wird ein weiteres Kapitel Baugeschichte in unserer Stadt geschrieben", sagte Barbara Ludwig. „Es werden spannende Monate, in denen hier das neue Gebäude entsteht. Ich wünsche den Handwerks- und Baubetrieben Erfolg bei ihrer Arbeit, drücke die Daumen für einen problemlosen Ablauf und freue mich auf die Schließung der nächsten Baulücke in unserer Innenstadt."

Für Thomas Frank, Geschäftsführer von FAY Projects und technischer Projektleiter des Bauvorhabens, befindet sich Chemnitz im Aufwärtstrend. „Chemnitz bietet kurze Wege und ein sehr gutes Nahverkehrs-, Bildungs-, Sport- und Kulturangebot. Die Beschäftigungssituation verbessert sich immer weiter und die Wohnungsmieten sind bezahlbar", sagte Frank. „Wir sind stolz darauf, das Zentrum dieser aufstrebenden Stadt durch unser Projekt aktiv mitgestalten zu dürfen. Das Projekt gab und gibt einen nachhaltigen Impuls dem weitere große Vorhaben folgen sollen, sodass das Johannis-Quartier die Initialzündung für eine insgesamt dynamische Stadtentwicklung ist."

Jörg Rudloff von TCHOBAN VOSS Architekten war es wichtig, bei der Gestaltung des Gebäudes den städtebaulichen Kontext zu wahren. „Das Thema der eher bandartig geprägten Fassaden im Umfeld wird aufgegriffen und mit einer eigenständigen Idee und Plastizität versehen. Dies erzeugt eine starke ikonografische Wahrnehmung und Fernwirkung des Gebäudes. Gleichzeitig erfolgt die Einfügung mit der ge-

"Future Living" in Leipzig: Das Quartier in der Bildmitte (begrünte Dachflächen) hat eine Gesamtfläche von 13.700 m², davon sind 7.500 m² BGF für ein Hotel und 6.200 m² BGF für Co-Living vorgesehen. In der eingeschossigen Tiefgarage stehen 90 Stellplätze zur öffentlichen Nutzung zur Verfügung. Der Leipziger Hauptbahnhof liegt nur etwa 600 m entfernt   Abb.: Quelle FAY

botenen Zurückhaltung gegenüber der denkmalgeschützten Nachbarbebauung", erläuterte Rudloff.

"Wir freuen uns sehr auf den Einzug, denn unsere Kunden können uns dann noch zentraler im Stadtzentrum erreichen. Gleichzeitig bieten wir unseren Mitarbeitern im neuen eins-Haus modernste Arbeitsplatzbedingungen an einem Standort", erklärte Roland Warner, Vorsitzender der eins-Geschäftsführung. "Wichtig war für uns auch, dass das Gebäude in starker Beziehung zu den Chemnitzer Bürgern steht. Das wird durch die transparente Öffnung zum Johannisplatz erreicht, durch unser Kundencenter im Erdgeschoss und durch den begrünten begehbaren Hof im ersten Obergeschoss."

Der bereits erwähnte Hotelneubau ist an den Hotelbetreiber GS Star Deutschland verpachtet. Der siebengeschossige Neubau soll mit 172 Zimmern unter der Marke "Super 8" als Premium-Budget-Hotel betrieben werden. Zu dem 25-jährigen Pachtvertrag gehören auch 40 Stellplätze in der Tiefgarage. Baubeginn war das Frühjahr 2019; die Hotelflächen werden spätestens bis Sommer 2022 fertiggestellt sein.

"FUTURE LIVING", LEIPZIG

Das in Vorbereitung befindliche Projekt "Future Living" entsteht stadtnah, 600 m nordöstlich des Leipziger Hauptbahnhofs und grenzt südlich an die ständig durchflossene Parthe an. Entlang der Berliner Straße wird eine geschlossene Bebauung mit einem Hotelriegel realisiert. Zudem wird die Parthe durch einen mäandrierenden Wohnkomplex bestehend aus drei Bauteilen von fünf bis sechs Geschossen begleitet, der durch dreistöckige Zwischengebäude verbunden wird. Die Innenhofsituation soll aufgelockert, begrünt und mit hoher Freiraumqualität aufgewertet werden. Des Weiteren ist eine Tiefgarage mit 84 Stellplätzen geplant.

Für das Quartier mit einer Gesamtfläche von 13.700 m² ist eine Vollvermietung bereits erreicht. Nach nur dreimonatiger Vermarktungszeit hatte FAY Projects Ende 2019 einen Pächter für den Hotelneubau in Leipzig gefunden. Die Fast Lane Hospitality GmbH zeichnet einen 25-jährigen Vertrag für 7.600 m² BGF in der Berliner Straße 22 – 30. Fast Lane plant dort ein Radisson Hotel mit 224 Zimmern. Für das ge-

hobene, voll ausgestattete Radisson Hotel ist eine geschlossene sechsgeschossige Bebauung zuzüglich eines rückspringenden Obergeschosses geplant. Der Fassadenentwurf setzt den Hoteleingang stärker in den Fokus, indem der Eingangsbereich mit einem markanten Vordach versehen und das darunterliegende Erdgeschoss großflächig verglast wird.

In den fünf- bis sechsgeschossigen Gebäuden im Innenhofbereich werden auf mehr als 6.200 m² BGF 185 Co-Living-Zimmer in Wohngemeinschaften errichtet. Zusätzliche Gemeinschaftsflächen und Räume entstehen im Erdgeschoss sowie im Staffelgeschoss inkl. großzügiger Dachterrasse mit Blick auf Leipzig.

Die Fertigstellung für den Gesamtkomplex ist für Mitte 2023 geplant.

-Projekt "Haus Postplatz"
Bauherr:
PPE Postplatz Projektentwicklungsgesellschaft mbH, Schönefeld
Planender Architekt:
TCHOBAN VOSS Architekten, Dresden
Generalunternehmer:
Dach-ARGE Haus Postplatz Dresden
(Ed. Züblin AG, Wolff & Müller Hoch- und Industriebau GmbH & CO. KG,
WTC Wärmetechnik Chemnitz GmbH & CO. KG)

-Projekt "Johannis-Quartier, Chemnitz"
Bauherr:
FAY Projekt Nr. 117 GmbH & Co. KG, Mannheim
Planender Architekt:
TCHOBAN VOSS Architekten, Dresden
Generalunternehmer:
Köster GmbH, Chemnitz

-Projekt "Future Living, Leipzig"
Bauherr:
FAY Projekt Nr. 124 GmbH & Co. KG, Schönefeld
Planender Architekt:
TCHOBAN VOSS Architekten, Dresden

Partner am Bau:
• KREBS+KIEFER Ingenieure GmbH
• Jäger Ingenieure GmbH
• Dresdner Bohrgesellschaft mbH
• BSC Bauplanung Sachsen Consult GmbH
• KLUGE Klima- und Filtertechnik GmbH
• cdf Schallschutz
• ZBP ZIMMERMANN UND BECKER GmbH

HAUS AM DRESDNER POSTPLATZ

Mit Beteiligung der Expertise von KREBS+KIEFER.
Der 6-geschossige Neubau wurde im Stadtzentrum Dresdens am Postplatz errichtet. Gegenüber dem Einkaufszentrum „Altmarktgalerie" gelegen, blickt man von dort direkt auf den historischen Zwinger.

Folgende Leistungen erbrachte KREBS+KIEFER für dieses Projekt:

TRAGWERKSPLANUNG

Eine anspruchsvolle Architektur und ein Gebäude mit sehr differenzierten Nutzungen erfordern eine intelligente und klare Tragstruktur mit möglichst wenigen Zwangspunkten. Diese Aufgabe hat **KREBS+KIEFER** auch in diesem Projekt konsequent umgesetzt. Punktgestützte unterzugsfreie Flachdecken und schlanke Dimensionen der vertikalen Tragglieder gewährleisten ein hohes Maß an Flexibilität über die Lebensdauer des Gebäudes. Die Außenwände der Untergeschosse und die teilweise auftriebsgesicherte Bodenplatte wurden als „Weiße Wanne" ausgebildet. Sie schützen das Gebäude so gegenüber dem anstehenden Grundwasser.

BAUPHYSIK

Nachhaltiges und energieeffizientes Bauen inmitten des Stadtkerns von Dresden – hier haben unsere Experten der Bauphysik alles darangesetzt, die Emissionen des Gebäudes über den gesamten Lebenszyklus hinweg zu reduzieren. **KREBS+KIEFER** leistete in diesem Projekt einen wichtigen Beitrag zum thermischen, akustischen und visuellen Komfort, was sich in der Zufriedenheit der Nutzer und deren Behaglichkeit niederschlägt. Diese Leistung wurde von der Deutschen Gesellschaft für nachhaltiges Bauen (DGNB) in GOLD ausgezeichnet.

BRANDSCHUTZKONZEPT

Auch das Brandschutzkonzept ist von **KREBS+KIEFER** konsequent auf die Besonderheiten des Gebäudes zugeschnitten. Durch den Einsatz von Feuerlösch- und Brandmeldetechnik konnte auf Brandwände verzichtet und so eine offene Gestaltung und flexible Nutzung der Gewerbeeinheiten umgesetzt werden. Für die aufgehenden Wohnungen ist der zweite Rettungsweg über Leitern der Feuerwehr gesichert. Die dafür erforderlichen Flächen wurden in direkter enger Abstimmung mit der Feuerwehr auf die innerstädtischen Besonderheiten der Verkehrsplanung an diesem Knotenpunkt abgestimmt.

KLAR POSITIONIERT. BREIT AUFGESTELLT.

GEOTECHNIK

HOCHBAU

INGENIEURBAU

VERKEHRS-ANLAGEN

WASSERBAU

70 JAHRE
Exzellenz am Bau.

Berlin | Bitterfeld | Darmstadt | **Dresden** | Erfurt | Freiburg | Hamburg | Karlsruhe | Köln | Leipzig | Mainz | Mannheim | München | Nordbayern | Stuttgart | Würzburg | International

www.kuk.de

Individuell bauen für Sachsen

Köster realisiert Leuchtturmprojekte in Chemnitz und Dresden

Mit einem hohen Grad an persönlicher Betreuung und Zuverlässigkeit prägt der Bau-Komplettanbieter Köster gemeinsam mit den Kunden seit Jahren die sächsischen Zentren Leipzig, Dresden und Chemnitz. Die Kunden der Region profitieren davon, dass Köster als einer der führenden Anbieter der Bauindustrie das gesamte Leistungsportfolio bietet, das zu einem maßgeschneiderten Bauprojekt gehört.

Zu den komplexesten Bauvorhaben zählt neben vielen weiteren Projekten der schlüsselfertige Neubau des Büro- und Verwaltungsgebäudes für den Energieversorger „eins energie in sachsen" im Herzen von Chemnitz. Bis Mitte 2021 entsteht in der Innenstadt ein Bürokomplex mit 510 Arbeitsplätzen inklusive Tiefgarage und Parkhaus sowie anliegend ein 3-Sterne Hotel mit 174 Zimmern. Die hohe Kompetenz beim Bau innerstädtischer Immobilien bewies Köster bereits beim Projekt „Moritzhaus" in Dresden. Der nach DGNB zertifizierte Neubau des Wohn-, Büro- und Geschäftshauses wurde mit einer taktgenauen Baustellenlogistik versorgt und infolge dessen termingerecht an den Kunden übergeben.

„Wir freuen uns, die lokalen Bauaktivitäten in der Metropolregion Sachsen seit vielen Jahren mit unseren Kunden erfolgreich umzusetzen", so Raik Szelenko, verantwortlich für die Region Ost des bundesweit tätigen Unternehmens. „Unsere Kunden haben den Vorteil, dass Köster ihre individuellen Anforderungen maßgeschneidert umsetzt. Wir realisieren, was sie wirklich benötigen. Sie können sicher planen und wirtschaften. Das ist unser Versprechen."

Das Bauvorhaben am Johannis-Platz in Chemnitz, entwickelt durch die Fay Projects GmbH: Neben dem Kernprojekt, der neuen Unternehmenszentrale für die eins energie in sachsen mit rund 13.500 qm, realisiert Köster angrenzend auch das Hotel mit 5.300 qm
Bildquelle: Fay Projects GmbH

Zum Leistungsspektrum der Köster-Standorte in Leipzig, Dresden und Chemnitz gehören unter anderem Büro- und Verwaltungsgebäude, Geschäfts- und Wohngebäude, Hotels, Industrie- und Produktionshallen sowie Einkaufszentren.

KÖSTER GMBH, Chemnitz

Mit Erfahrung – neues Wohnen in Leipzig

Zeitgemäßes Wohnen in der ehemaligen „Naumannschen Brauerei" / Neues Stadtquartier am Lindenauer Hafen

![aerial view image]

NAUMANNSCHE BRAUEREI

Das im Folgenden skizzierte Wohn- und Gewerbeprojekt wurde 2019 fertiggestellt und befindet sich auf dem Gelände der ehemaligen Naumannschen Brauerei im Leipziger Stadtbezirk Plagwitz. Der von alter Industriearchitektur geprägte Stadtteil hat sich in den vergangenen Jahren zu einer beliebten Wohnadresse gewandelt und ist ebenso Zentrum der künstlerischen Szene der sächsischen Großstadt.
Der Namensgeber Carl Wilhelm Naumann war ein umtriebiger Ge-

Naumannsche Brauerei: In der in Leipzig-Plagwitz gelegene Brauerei C.W. Naumann wurde nach einer Betriebszeit von über 120 Jahren 1991 die Produktion eingestellt. Nachdem das Gelände zur Brache verkommen war, wurde von 2017 bis Sommer 2019 hier das Wohnquartier Naumannsche Brauerei durch die Firma PORR GmbH & Co. KGaA errichtet
Abb.: Mann & Schott Architekten, Leipzig

schäftsmann, der Spuren an vielen Orten in Leipzig hinterlassen hat. Er kaufte 1857 das Gelände des jetzigen Baufeldes zwischen Zschocherscher-Straße und Erich-Zeigner-Allee und ließ zunächst einen Lagerkeller errichten, später kam eine Dampfbrauerei hinzu. Über die Jahre wurden ständig bauliche Erweiterungen vorgenommen. In den 1890er Jahren war die Brauerei C.W. Naumann die drittgrößte in der

Naumannsche Brauerei: Ansicht aus der Vogelperspektive auf die fertiggestellten Objekte
Abbildungen: PORR GmbH & Co. KGaA

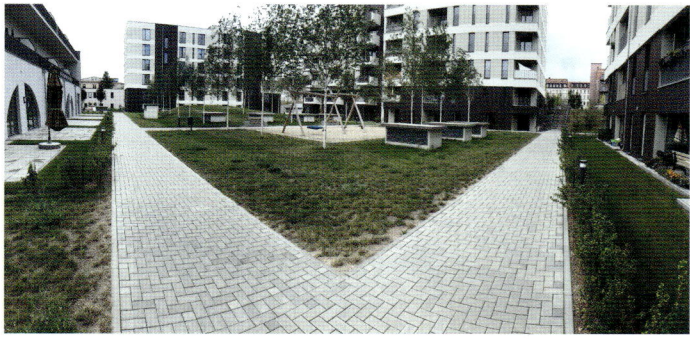

Naumannsche Brauerei: Ansicht Innenhof Abb.: PORR GmbH & Co. KGaA

Stadt. Nach der Wende und einer kurzen Phase der Privatisierung wurde der Betrieb 1992 endgültig geschlossen. Nach jahrelangem Leerstand und teils illegaler Nutzung als Partylocation entstand nun auf Grundlage eines Entwurfs des Architekturbüros Mann und Schott Leipzig für den Investor ImmVest Wolf GmbH ein großzügiges Wohnprojekt für Mietimmobilien. Anfang 2017 hat die PORR GmbH & Co. KGaA den Auftrag für die Errichtung von 226 Wohnungen und sechs Gewerbeeinheiten in 15 Einzelhäusern sowie den Neubau von drei Tiefgaragen mit 215 Stellplätzen erhalten. Die gesamte Wohnanlage wurde vorrangig für Mieter geplant, für die die familienfreundlichen und altengerechten Wohnungen mit direkt angrenzendem Grün eine ideale Wohnform darstellen. Alle notwendigen Stellplätze sind in den Tiefgaragen platziert, sodass kein oberirdischer Fahrverkehr existiert. Das Quartier ist somit autofrei. Das auf dem Gelände noch vorhandene unter Denkmalschutz stehende Bestandsgebäude, das ehemalige Sudhaus, wurde in die Neubebauung integriert und zu Wohnungen umgebaut.

Nachdem durch umfangreiche Abbruch- und Erdarbeiten die unterirdischen und labyrinthartigen Kelleranlagen unter meterdicken Auffüllungen beseitigt waren, konnte mit der komplexen Realisierung von Neubauten und der Revitalisierung begonnen werden. Die Planer haben bei der städtebaulichen Konzeption die Lage an einer der wichtigsten Hauptachsen des Stadtbezirkes Südwest im Bereich der Zschocherschen Straße besonders berücksichtigt, um mit den neuen Gebäuden den Anforderungen an einen urbanen Straßencharakter gerecht zu werden.

STADTQUARTIER LINDENAUER HAFEN

Der Lindenauer Hafen gehört zu den großen Potenzialräumen im Leipziger Westen. Bereits frühzeitig nach der Wende hat die Stadt Leipzig dort gemeinsam mit der treuhänderischen Sanierungsträgerin LESG mbH die erste Flächenentwicklung im Geschosswohnungsbau nach 1990 in Leipzig angeschoben. Mit der Maßnahme wurden die Entwicklungen entlang des Karl-Heine-Kanals aufgenommen, konsequent fortgesetzt und ein beispielhaftes Projekt für die wachsende Stadt initiiert. Seit 2015 ist das Areal mit der Herstellung der Gewässerverbindung zwischen Karl-Heine-Kanal und Lindenauer Hafen und der Fertigstellung der Neuerschließung als Stadtraum nutzbar und wird von den Leipzigern rege angenommen. Verschiedene Bauherren gestalten etwa 500 Wohn- und Gewerbeeinheiten auf dem 40.000 m² großen Areal des ehemaligen Industriehafens. Nur 4 km westlich des Stadtzentrums, zwischen dem Biotopraum Schönauer Lachen, eindrucksvoller Industriearchitektur und direkt angrenzend an den prosperierenden Stadtteil Plagwitz entstehen derzeit neue Wohnungen

Stadtquartier Lindenauer Hafen: Die beiden Fünfgeschosser schmückt eine Ziegelfassade mit Loggien und raumhohen Fenstern. Die Fassaden bestehen aus Poroton-Ziegeln, die einerseits eine Dämmung enthalten und andererseits eine flexible Gestaltung der Fassade ermöglichen. In diesem Fall wurde eine ins Quartier passende Klinkeroptik gewählt, die die Geschichte des alten Industriehafens optisch aufgreift Abb.: PORR GmbH & Co. KGaA

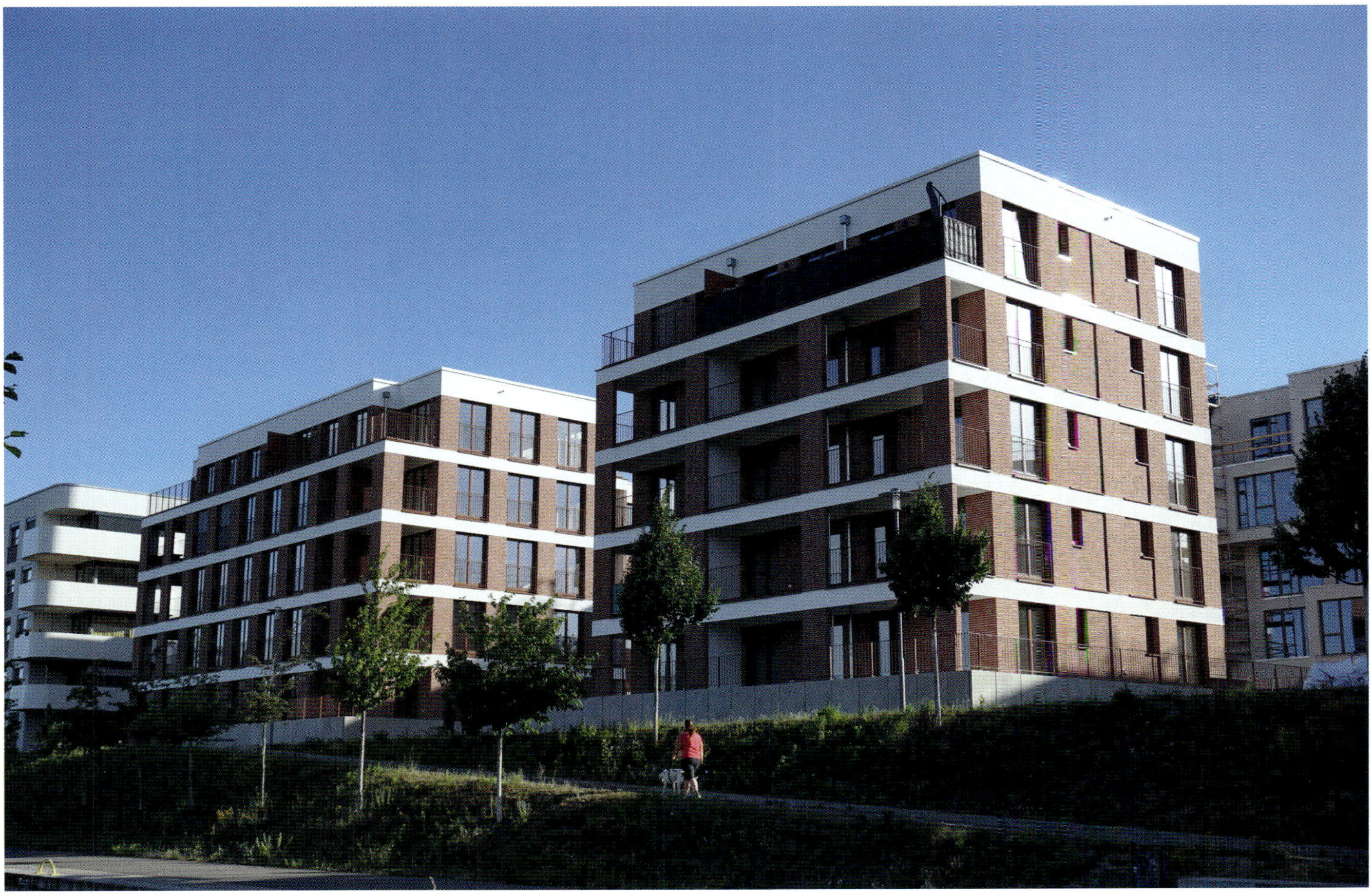

für rund 1.000 BewohnerInnen. Alle verfügbaren Grundstücke wurden vermarktet. So auch ein Areal, auf dem der kommunale Großvermieter LWB 2020 mit dem Bau einer Kindertagesstätte mit über 100 Plätzen und 18 Wohnungen mit Mietpreisbindung beginnen will. Die ersten Stadthäuser wurden bereits im April 2017 bezogen.

Für die Deutsche Wohnen hat die PORR GmbH & Co. KGaA mit ihrem Standort Dresden ein Neubauprojekt am Lindenauer Hafen in Leipzig erfolgreich und im Zeitplan errichtet. In die zwei Mehrfamilienhäuser mit insgesamt 44 Mietwohnungen zogen im Mai 2020 die ersten Mieter ein. Als Vermieter ist die Deutsche Wohnen schon länger in der ostdeutschen Metropole präsent. Sie bewirtschaftet hier mittlerweile rund 3.000 Wohnungen und Gewerbeeinheiten. Das Projekt nach Planungen des Büros Stefan Forster Architekten GmbH, Frankfurt am Main, ist jedoch der erste Neubau der Deutsche Wohnen in der aufstrebenden sächsischen Metropole. Die Planer entwarfen ein Punkthaus und einen L-förmigen Baukörper, die in vielfältiger Weise das Wohnen am Wasser thematisieren – von der Ausrichtung der Grundrisse, den zum Kanal hin großflächigen Fensteröffnungen bis zur horizontal gegliederten Klinkerfassade. Neben den Bezügen zum Wasser und dem parkähnlich gestalteten Ufer tragen Hochparterre-Wohnungen und ebenerdige Ladenzeilen der Lage im Stadtraum Rechnung. Die Wohnungen und eine Gewerbeeinheit befinden sich in zwei fünfgeschossigen Gebäuden. Zwischen ca. 50 m² und ca. 120 m² sind die 2- bis 5-Zimmer-Wohnungen groß. Jede verfügt über eine eigene Terrasse, einen Balkon oder im Erdgeschoss über einen Gartenbereich. Alle Wohnungen sind über einen Aufzug erreichbar sowie barrierearm gestaltet und beispielsweise durch breitere Türrahmen für Roll-

stuhlfahrer geeignet. Die zugehörige Tiefgarage verfügt über 37 Stellplätze. Von beiden Gebäuden aus besteht freier Zugang zum Uferbereich des Lindenauer Hafens.

Die Gebäude wurden unter Einhaltung strenger Nachhaltigkeitskriterien geplant und gebaut. Dabei orientierte sich die Deutsche Wohnen an den Kriterien des vom Bundesbauministerium (BMUB) anerkannten Bewertungssystems Nachhaltiger Wohnungsbau (NaWoh). So wurden beispielsweise statt eines gewöhnlichen Wärmedämmverbundsystems sogenannte Poroton-Bauziegel verwendet, bei denen die Wärmedämmung direkt eingebunden ist. Die realisierten Smart-Building-Lösungen resultieren aus der Zusammenarbeit mit verschiedenen Partnern aus der PropTech-Szene und machen das Wohnen komfortabler und energieeffizienter.

Beide Gebäude wurden mit digitalen Steuer- und Messeinheiten sowie mit digitalen Türzugängen ausgestattet. Das schlüssellose Schließsystem KIWI sorgt über einen Transponder oder alternativ mittels Smartphone-App für den Zugang zu Haus- und Wohnungseingangstüren, zur Tiefgarage sowie zu den Fahrrad- und Kinderwagenabstellräumen. Jede Wohnung verfügt darüber hinaus über „MiA – Meine Intelligente Assistenz". MiA ist über ein Tablet im Eingangsbereich oder per Smartphone-App ortsunabhängig steuerbar und übernimmt derzeit zunächst die zentrale Steuerung der Heizung nach frei konfigurierbaren Heizplänen sowie der Jalousien auf Basis von Tageszeit und Wettervorhersage. Ebenfalls über MiA werden die Messdaten für Heizung und Wasserverbrauch automatisiert ausgelesen und übermittelt, ohne dass der Mieter zu Hause sein muss. Die resultierenden Verbrauchsdaten und erwarteten Abrechnungssummen werden perspektivisch ebenfalls über das MiA-System für die Bewohner visualisiert.

-Projekt „Naumannsche Brauerei Leipzig"
Generalunternehmer:
PORR GmbH & Co. KGaA, ZNL Thüringen-Sachsen, Schmölln
Bauherr:
ImmVest Wolf GmbH, Leipzig
Planender Architekt:
Mann & Schott Architekten, Leipzig
Hohmut & Partner Architekten, Leipzig

-Projekt „Stadtquartier Lindenauer Hafen"
Generalunternehmer:
PORR GmbH & Co. KGaA, ZNL Berlin, Standort Dresden, Dresden
Bauherr:
Deutsche Wohnen, Berlin
Planender Architekt:
Stefan Forster Architekten GmbH, Frankfurt am Main

Partner am Bau:
• **GBB Grundbau Bautzen GmbH**
• **Lineo Projekt GmbH**
• **Stolze & Partner GmbH**
• **GBI Gesellschaft Beratender Ingenieure mbH**
• **malerwerkstätten.com**
• **Dresdner Bohrgesellschaft mbH**
• **Staupendahl & Partner Bauplanungsgesellschaft mbH**
• **Vermessungsbüro Keller**

Intelligentes Bauen verbindet Menschen.

150 YEARS

© SEBASTIAN DÖRKEN

PORR GmbH & Co. KGaA
Hochbau . ZNL Berlin
Valeska-Gert-Straße 1, 10243 Berlin
T +49 30 421 842-0
porr.de

powered by **PORR**

Nach Fertigstellung der Baumaßnahme sind unsere Leistungen oft nicht mehr auf den ersten Blick erkennbar. Dennoch bilden Sicherungssysteme für Baugruben die Basis für die erfolgreiche Realisierung Ihrer Projekte, wenn es in die Tiefe geht.

Die GBB Grundbau Bautzen GmbH agiert als Subunternehmen in Sachsen, Sachsen-Anhalt, Thüringen, Brandenburg und Berlin im Umkreis von ca. 300 km von unserem Firmensitz in Bautzen. Durch unsere firmeninterne Planung, Vorfertigung, Ausführung und Logistik ist es uns möglich, individuelle Verbaulösungen für unsere Kunden zu konzipieren. Durch Kooperation mit namhaften Partnern können wir an zahlreichen Bauprojekten in Ostdeutschland mitwirken und somit unseren Kundenstamm stetig erweitern. Unser Know-how aus jährlich bis zu 100 Projekten gewährleistet eine wirtschaftliche und kundenorientierte Ausführung Ihrer Anforderungen.

So konnten wir im Jahr 2019 zum Beispiel für die PORR GmbH & Co. KGaA aktiv an der Realisierung eines neuen Wohnobjektes am Lindenauer Hafen in Leipzig mitwirken. Für die geplante Tiefgarage wurde ein Trägerbohlverbau mit Rückverankerungen notwendig. Von der Erstellung der Statik über den Einbau bis hin zum Rückbau des Verbaus haben wir unseren Auftraggeber betreut.

Ungewöhnliche Ideen für überzeugende Lösungen

Innerstädtische Belebung: Quartier Scheunenhof in Pirna / Erstes Showroom-Hotel in Deutschland: Designhotel Laurichhof in Pirna / Fabrikantenvilla am Felsenkeller 3 in Pirna / Wohnen am Tischerplatz 13 in Pirna / Städtisches Wohnen und Arbeiten: MaryAnn Apartments in Dresden

Quartier Scheunenhof: Man betritt das Einkaufszentrum über eine großzügig dimensionierte Eingangszone, die vom denkmalgeschützten Scheunenhof flankiert wird

Auch in dieser Landesausgabe berichten wir über Bauvorhaben, deren Planungen bzw. Projektentwicklung aus dem Büro Seidel+Architekten mit Sitz in Pirna stammen. Durch die Verschneidungen von Architektur, Innenarchitektur und Grafikdesign entstehen oftmals Projekte, die durch die Verknüpfung verschiedenster Nutzungen oder von Alt und Neu zu spannungsreichen, ungewöhnlichen Entwürfen führen und aus denen zugleich für baurechtliche oder topografische Anforderungen außerordentliche Lösungen hervorgehen.

QUARTIER SCHEUNENHOF, PIRNA

Die EDEKA Unternehmensgruppe Sachsen-Thüringen-Nordbayern ließ auf einem seit Jahrzehnten brachliegenden Areal, direkt am südwestlichen Rand der historischen Altstadt von Pirna, ein neues Einkaufszentrum mit Läden im Erdgeschoss, Büro- und Praxisräumen im 1. Obergeschoss sowie eine seniorengerechte Wohnanlage errichten. Das Scheunenhofcenter wird von Robert-Koch-Straße, Bahnhofstraße und Hospitalstraße eingefasst und bildet aufgrund seiner Dimension

und Nutzungsvielfalt eine Art eigenes Quartier.

Der Gebäudekomplex wurde Anfang September 2020 eröffnet. Die Felsenlandschaft der Sächsischen Schweiz fungierte als Ideengeber für die Anordnung der Baukörper. Verschieden große Plätze und Wege gliedern und durchziehen die zweigeschossige Großstruktur und schaffen einen Übergang zu den bestehenden kleinteiligen Bebauungen in der Umgebung. Unmittelbar am Dohnaischen Platz wurde, flankiert vom unter Denkmalschutz stehenden Scheunenhof, eine großzügige Eingangszone geschaffen. Das Gebäude ist vollflächig mit einer Tiefgarage für 270 Pkw-Stellplätze unterkellert.

Mit dem Johanniter-Wohnen Pirna Scheunenhof ist in mehreren winkelförmig miteinander verbundenen Gebäuderiegeln ein Neubau für Betreutes Wohnen und altersgerechten Service in einem barrierefreien Umfeld entstanden. Die allgemeine Lebenszufriedenheit und ein angenehmes Wohnumfeld sind wichtige Faktoren für selbstbestimmtes Leben bis ins hohe Alter. Der Marktplatz mit Geschäften, Cafés und Restaurants ist fußläufig nur zehn Minuten entfernt. Trotz der zentralen Lage ist die Wohnanlage, auf deren 178 m² großen Dachterrasse viel Platz zum Entspannen geschaffen wurde, in einem ruhigen Viertel angesiedelt. Wichtige Anlaufstellen wie Ärzte, Apotheken und Geschäfte für den täglichen Bedarf sind in unmittelbarer Umgebung oder im Gebäudekomplex selbst zu finden.

Die 65 Wohneinheiten haben variierende Wohnungsgrößen von 34 m² bis 70 m² und sind modern ausgestattet. Jede verfügt über ein barrierefreies Bad und eine Einbauküche, viele sogar über einen Balkon.

Quartier Scheunenhof: Die Wohnanlage für Betreutes Wohnen mit 65 barrierefreien Wohnungen ist zweigeschossig und liegt im nordwestlichen Teil des Gesamtareals. Die Freifläche im 1. Obergeschoss, welche die parallel zueinander angeordneten Gebäuderiegel bildet, wurde als Gemeinschaftsterrasse errichtet   Abb.: SeidelStudios

DESIGNHOTEL LAURICHHOF

Am Hauptplatz in Pirna-Copitz hat im August 2019 ein neues Hotel eröffnet. Im Sanierungsgebiet des Ortsteils ist direkt an der Sächsischen Weinstraße und nur wenige Meter vom „Elberadweg Cuxhaven–Prag" entfernt, mit Blick auf Schloss Sonnenstein, Elbe und Altstadt, der Laurichhof entstanden. Durch die Vereinigung von zwei benachbarten Flurstücken konnte ein neuer Dreiseithof geschaffen werden. Das war möglich und sinnvoll, da der auf einem der Flurstücke ehemals angesiedelte „Gasthof zum Erbgericht" im Zweiten Weltkrieg samt nördlichem Scheunengebäude des Gehöfts vollständig zerstört und nicht wiederaufgebaut worden war.

Das Konzept des Pirnaer Designhotels ist weltweit einzigartig und verkörpert Erleben am Puls der Zeit. Annette Katrin Seidel und Franz Philip Seidel entwarfen und realisierten 27 verschiedene Suiten, die von der Fliese bis zum Stuhl durchgängig mit Designermöbelstücken ausgestattet sind. Sie bieten beeindruckende Raumwirkungen, die überraschen, polarisieren und inspirierend wirken. Für die Planenden steht das Probewohnen der Möbel und der Ausstattungen weltweit bekannter Designer genauso im Fokus wie das Vermitteln eines Gestaltungskonzepts, das sowohl auf emotionale als auch optimale Raumnutzung setzt. Die zwischen 33 m² und 100 m² großen Suiten laden nicht nur Designliebhaber zum Probewohnen ein. Das Interior schafft die Möglichkeit, in Zeiten der Pop Art oder Bauhaus einzutauchen. Die Suiten tragen Namen wie Wolke 7, Marrakesch oder Unter dem Meer und lassen schon erahnen, wohin der Urlaub gehen soll. Die 1- bis 4-Raum-Wohnungen sind mit Küchen ausgestattet und können als Ferienwohnung oder als Full-Service-Übernachtung auf 4-Sterne-Niveau gebucht werden. Neben dem außergewöhnlichen Interior zeichnet den Laurichhof eine Eigenschaft aus, die ihn weltweit einzigartig macht: Vom Geschirr über ganze Küchenzeilen bis hin zur Bettwäsche kann nach dem Probewohnen alles gekauft werden. Will ein Hotelgast z.B. einen Badspiegel erwerben, wird jenes Modell bestellt und dem Gast bequem nach Hause geschickt. Hotelgäste können sogar nach dem ausgiebigen Erleben und Ausprobieren während ihres Aufenthalts nicht nur einzelne Möbelstücke, sondern gesamte Ensembles oder Räume mit nach Hause nehmen. So schafft der Laurichhof den Spagat zwischen einem klassischen Einrichtungsladen und einem Online-Geschäft. Hoteleigene Interieur Designer, die bei der Planung und der Optimierung des funktionalen und emotionalen Nutzens eines Raumes oder kompletten Innenlebens beratend beiseitestehen, komplettieren das Konzept.

Durch ein gasbetriebenes Blockheizkraftwerk sowie diverse Wärmepumpen erfüllt der Betrieb den Niedrigenergiehausstandard. Die Elek-

Designhotel Laurichhof: Die 3-Raum-Suite „Unter dem Meer" ist beispielsweise als türkisblaue Unterwasser-Designwelt gestaltet. Eine Welt, wie geschaffen, um darin abzutauchen   Abbildungen: SeidelStudios

troversorgung des Gebäudes und die Ladestationen für E-Bikes und Elektroautos werden zum Großteil über eine Solarzellenanlage samt Batteriepufferung übernommen. Das Hotel hat eine Tiefgarage mit 24 Stellplätzen.

Mit dem Designhotel wurden siebzehn neue Arbeitsplätze in Pirna geschaffen. Der Name Laurichhof stammt aus der Familie der Bauherren.

Die Idee für das Showroom-Konzept kam der Architektin durch ihren beruflichen Alltag, denn Innenarchitektur begleitet sie seit fast 30 Jahren tagtäglich. Die Kunden brauchen etwas zum Ansehen, zum Anfassen und zum Erleben. Als deutschlandweit erstes Showroom-Hotel setzt der Laurichhof damit Maßstäbe.

Designhotel Laurichhof: Da es möglich war, zwei benachbarte Flurstücke zusammenzulegen, konnte der Hotelneubau baurechtlich als Dreiseithof geplant und realisiert werden. So gibt es viel Licht und Platz für gestaltete Außenräume für Hotel- und Restaurantgäste   Abb.: SeidelStudios

FABRIKANTENVILLA AM FELSENKELLER

Am unmittelbaren Altstadtrand von Pirna, im Quartier, das von Berg-/ Brau-/Schandauer Straße umgrenzt ist, befand sich zu DDR-Zeiten die ehemalige Felsenkellerbrauerei. Das Brauereigelände wurde in den 1990er Jahren durch die TLG abgerissen und in den vergangenen Jahren zu einem attraktiven Wohnstandort mit Ärztehäusern und einem Einkaufsmarkt entwickelt. Die Villa der ehemaligen Lagerbierbrauerei Bergschlösschen an der Braustraße ist durch eine umfassende Revitalisierung zu einem Gesundheitszentrum ausgebaut worden. Das Gebäude im neoklassizistischen Stil wurde um 1870 erbaut. Zu DDR-Zeiten war darin ein Kindergarten untergebracht; nach der Wende zog die Musikschule Sächsische Schweiz in die Räume. Nach deren Auszug blieb das Haus lange ungenutzt, ungebetene Gäste setzten der Villa immer wieder zu.

Nun steht die Villa nach umfassenden Umbau-, Sanierungs- und Modernisierungsarbeiten mit leuchtend weißen Fassaden und neuen Fenstern und Türen nach alten Vorbildern an neuer Adresse am Felsenkeller 3. Ein hell und licht gehaltener Haupteingang heißt die Besucher willkommen. Die Villa wurde zu einem Gesundheitszentrum ausgebaut. Zug um Zug zogen nach der Fertigstellung im Jahr 2018 eine Ergotherapiepraxis, eine Praxis für Physiotherapie und eine Praxis für Allgemeinmedizin ins Erdgeschoss und 1. Obergeschoss. Das Dachgeschoss wurde komplett als Mietwohnung ausgebaut.

Hinter den Gebäuden Tischerplatz 13, 15, 17 sowie der ehemaligen Fabrikantenvilla sah der Bebauungsplan ein Baufeld für ein mehrgeschossiges Gebäude in zweiter Reihe bzw. im Blockinneren vor. Im Zuge der Sanierung der Fabrikantenvilla wurde dort bis Ende 2019 ein Neubau errichtet. In dem dreigeschossigen Stadthaus mit einem zum Grundriss verdrehten Satteldach liegen die Räume einer Arztpraxis. Die Obergeschosse sind für vier Wohneinheiten konzipiert worden. Das Souterrain ist den Garagenstellplätzen und Nebenräumen vorbehalten. Die aneinandergrenzenden Grundstücke erlaubten die Schaffung entsprechender Zuwege und Zufahrten. Die Erschließung zum hinteren Gebäude erfolgt über eine neu angelegte Zufahrt, die

Fabrikantenvilla: Durch die komplette Umnutzung der Villa wurde ein Anbau mit einem großzügigen Eingangsbereich notwendig, dessen Materialität als reizvoller Gegensatz zu vorgefundenen Altbauelementen wirkt   Abb.: SeidelStudios

Fabrikantenvilla: „Am Felsenkeller 3" ist das einzig verbliebene Gebäude der Brauerei und ehemaliges Wohnhaus des Brauereibesitzers. Das Gebäude samt parkähnlichem Garten steht unter Denkmalschutz und wurde 2018/19 umfassend saniert und umgebaut   Abb.: SeidelStudios

von der Straße Felsenkeller abzweigt. Über diese neue Erschließungsstraße gelangt man auch in die Garage des Wohnhaus Tischerplatz 13, das nachfolgend vorgestellt wird.

der Wende war es Sitz der SPD, der PDS und diversen Gewerkschaften. In dem Gebäude waren bis dato keinerlei Sanierungsmaßnahmen vorgenommen worden und so steht die Immobilie seit Frühjahr 2000 leer.

Derzeit wird das Objekt umfassend saniert: Im Hauptgebäude entstehen 16 Eigentumswohnungen, welche alle barrierefrei erschlossen werden. Das ehemalige Kutscherhaus wird zu zwei dreigeschossigen Doppelhaushälften im Town-House-Stil umgestaltet. Zwischen den Gebäuden entstehen ein attraktiver Wohnhof und ausreichend Stellflächen samt Tiefgarage für die Bewohner.

Die Fertigstellung ist für das erste Quartal 2021 vorgesehen. Es entstehen insgesamt rund 1.500 m² neue Wohnfläche in nachgefragter südlicher Innenstadtlage.

WOHNUNGSBAU TISCHERPLATZ 13, PIRNA

Am Rande der historischen Altstadt von Pirna steht das ehemals Königlich-Sächsische Bezirkssteuereinnahmegebäude, welches unter der Regentschaft von König Friedrich August II ab dem Jahre 1836 errichtet wurde und der Entrichtung von Steuern und Abgaben der Amtshauptmannschaft Pirna diente. Das Projekt besteht aus einem am Platz stehenden Hauptgebäude und einem im Hinterhof befindlichen ehemaligen Kutscherhaus. Zu DDR-Zeiten war das Gebäude Sitz des FDGB (Freier Deutscher Gewerkschaftsbund) und der Nationalen Front. Nach

Wohnungsbau Tischerplatz 13: Im Hauptgebäude entstehen 16 Eigentumswohnungen, welche alle barrierefrei erschlossen werden. Das ehemalige Kutscherhaus wird zu zwei dreigeschossigen Doppelhaushälften im Town-House-Stil umgestaltet
Abb.: SeidelStudios

MaryAnn Apartments: In bester Innenstadtlage westlich der historischen Altstadt wurde im Mai 2019 auf dem Gelände des ehemaligen Fernmeldeamtes der Grundstein für die MaryAnn Apartments, ein sogenanntes VauVau-Projekt der CG Gruppe AG, gelegt
Abb.: arte4d/bloomimages

MARYANN APARTMENTS, DRESDEN

Am Postplatz Dresden, in zentraler Lage und unweit des Zwingers, lässt die CG Gruppe AG einen Neubau nach einem Entwurf des Leipziger Architekturbüros homuth+partner architekten errichten. Die MaryAnn Apartments folgen dem „Vertical-Village-Konzept", das zum Ziel hat, zeitgemäße Antworten auf eine nachfrageorientierte Vernetzung von Leben, Arbeiten und Wohnen in besten Innenstadtlagen zu geben. Unter der Marke „VauVau Apartments" werden – teilweise ungenutzte – Gewerbeimmobilien in flächenoptimierten Wohnraum mit multifunktionalen Eigenschaften umgewandelt sowie Neubauten geschaffen. Mit kompakter Aufteilung und durchdachten Lösungen für die Nutzung werden hochwertig ausgestattete Apartments angeboten. Eine Form für modernes, urbanes Wohnen und Leben, das insbesondere für mobile Berufstätige bei temporärer Nutzung interessant ist.

Die MaryAnn Apartments bieten dieselben Grundvoraussetzungen wie der UpperNord Tower in Düsseldorf oder der XBerg Tower in Berlin: individuelles Wohnen mit dem Service eines Boardinghauses und vielfältigen Communityflächen. Auf dem Baugrundstück zwischen Freiberger Straße und Annenstraße entstehen auf dem Grundstück des ehemaligen Postgebäudes 152 teilmöblierte Apartmenteinheiten und 39 Maisonette-Wohnungen sowie ca. 3.500 m² Gewerbemietflächen im Erd- und 1. Obergeschoss mit einer Gesamtmietfläche von 14.400 m². Sie sind damit die perfekte Lösung für mobile Arbeitnehmer, die eine temporäre Wohnlösung suchen. Wohnen in einem Vertical Village hat außerdem den Vorteil, dass es kostengünstiger als ein Hotel oder Boardinghaus ist.

Der Fassadenentwurf eines Leipziger Büros ging als Siegerentwurf aus einem Architekturwettbewerb hervor. Vor dem Erd- und den Obergeschossen erstreckt sich ein Arkadengang aus einer versetzten Stützen-Balken-Konstruktion aus Sichtbeton. Markante Verkippungen der zurückliegenden Hauptfassade erzeugen interessante Licht- und Schattenspiele. Seidel+Architekten wurden mit der Ausführungsplanung für dieses Projekt in Dresden beauftragt. 2021 sollen die ersten Mieter einziehen.

Planendes Architekturbüro:
Seidel+Architekten, Pirna
-Projekt „Scheunenhofcenter Pirna"
Bauherr:
Konsum Vermögensverwaltungs GmbH,
Tochter der Edeka Unternehmensgruppe
-Projekt „Fabrikantenvilla am Felsenkeller, Pirna"
Bauherrin:
Annette Katrin Seidel, Pirna
-Projekt „Designhotel Laurichhof, Pirna"
Bauherrin:
Annette Katrin Seidel, Pirna
-Projekt „Wohnhaus Tischlerplatz, Pirna"
Bauherr:
Schlossblick Pirna GmbH, Pirna
-Projekt „MaryAnn Apartments, Postplatz, Dresden"
Bauherr:
CG Gruppe AG, Dresden
Planende Architekturbüros:
homuth+partner architekten, Leipzig (Lph. 1 – 4)/
Seidel+Architekten, Pirna (Lph. 5)

Partner am Bau:
• FAE Elektrotechnik GmbH & Co. KG
• GEOKART Ingenieurvermessungsgesellschaft mbH
• Elektro Fröde DLG mbH
• cdf Schallschutz
• WAGNER Sanitär-Heizung-Solartechnik GmbH
• Fussbodentechnik Vogel
• J. Uhlig Klempnerei und Montage GmbH & Co.KG
• Peter Lippert Maler GmbH
• fischer Bauabdichtung GmbH
• Wärme- und Klimatechnik GmbH
• Fliesen Unganz
• KREBS+KIEFER Ingenieure GmbH
• Jäger Ingenieure GmbH
• Dresdner Bohrgesellschaft mbH
• Statik- und Brandschutzbüro Borchert und Bucher
  Ingenieurpartnerschaft mbB

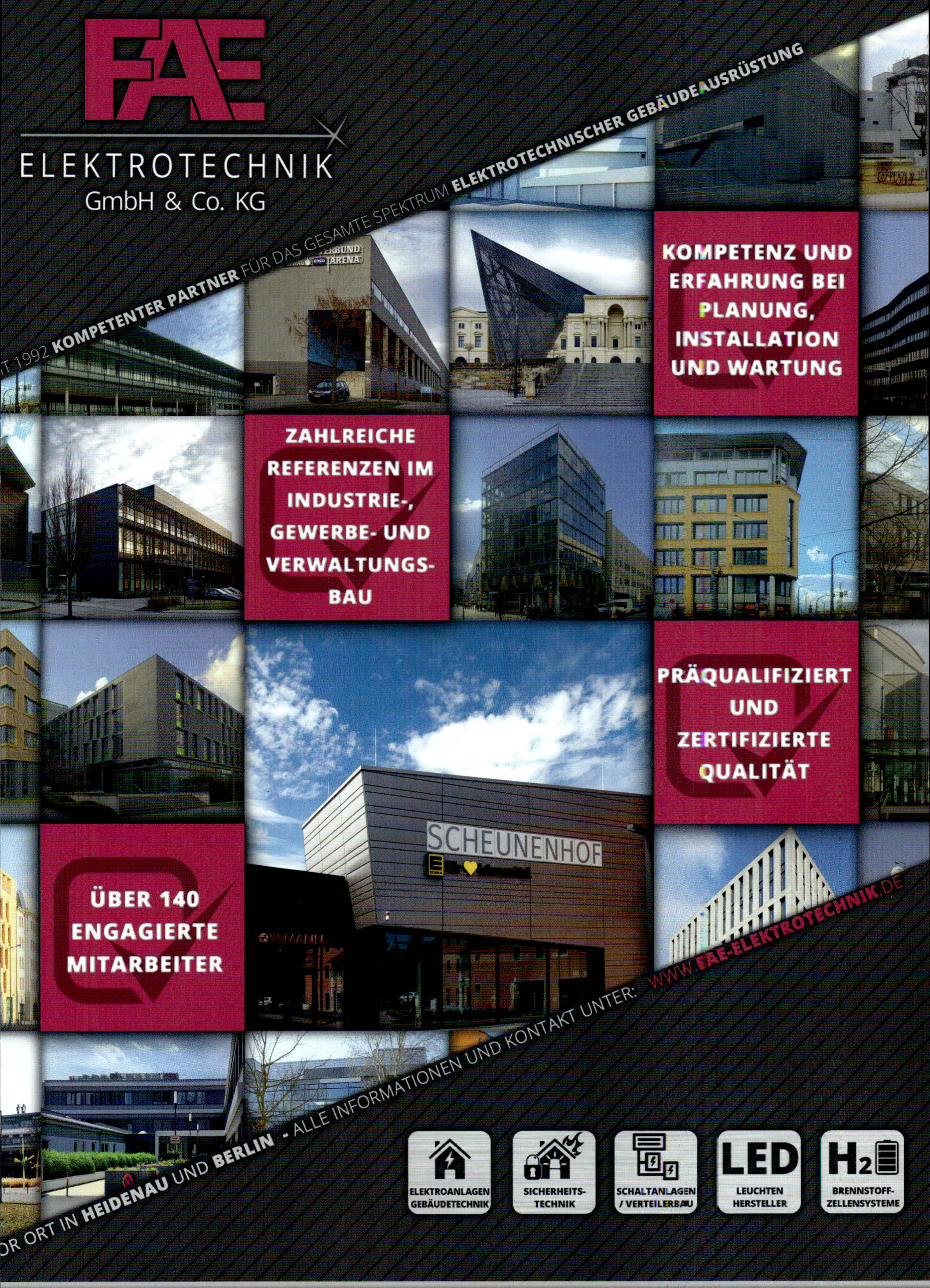

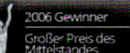

FUSSBODENTECHNIK VOGEL

Inh. Patrick Vogel

ANGEBOT

- Wärmedämmung
- Trittschalldämmung
- verschiedene Abdichtungen
- Anhydrit

- Leichtbetonestriche
- Zementestriche
- Kunstharzestriche
- Heizestriche
- Schnellestriche

0371/28 36 40 35
0173/39 58 81 0
0371/28 36 40 34

An den Teichen 4
09224 Chemnitz / OT Mittelbach

pvogel@fussbodentechnik-vogel.de
info@fussbodentechnik-vogel.de

IHRE FASSADE AUS UNSEREN HÄNDEN

› vorgehangene hinterlüftete Fassaden aus:
  Metall, Verbundmaterial, Faserzement und HPL
› Metalldächer, wie z.B. Falz oder Trapez, inkl.
  aller dazugehörigen Klempnerarbeiten
› Herstellung von individuellen Kantteilen bis 6 m

J. UHLIG

Klempnerei und Montage GmbH & Co. KG

Bielatalstraße 43
01773 Altenberg / OT Bärenstein
Tel. 035054-283 22 | Fax. 035054-283 92
E-Mail: j-uhlig-klempnerei@t-online.de
Web: www.j-uhlig-klempnerei.de

Reg.: 011.110006

PQ VOB

Peter Lippert Maler GmbH

Moderne Raumgestaltung - Restaurierung - Vergoldung
Fassadenanstriche - Bodenbeläge

Dippoldiswalder Str. 42
01796 Pirna

Tel. 03501 523 041
Fax 03501 523 067
www.lippert-maler.de
info@lippert-maler.de

---

fischer

Bauabdichtung GmbH

KOMPETENZ UND LEISTUNGSSTÄRKE
FÜR WASSERDICHTES BAUEN

www.abdichtung.info

Ihr Fachbetrieb für Abdichtungs- und Injektionstechnik

Unsere Kompetenzen liegen in den Bereichen:
- Kunstharzbeschichtung
- Bauwerksabdichtung
- Risssanierung
- Betoninstandsetzung

Profitieren Sie von 30 Jahren Erfahrung im Beschichten und Abdichten.
Wir unterbreiten Ihnen gern ein unverbindliches Angebot.

Porsche Leipzig rüstet sich für die Elektromobilität

Porsche Leipzig investiert insgesamt 600 Mio. Euro in Aus- und Umbau des Werkes / Neuer Karosseriebau

Die Zeichen bei Porsche in Leipzig stehen auf Wandel: Der Standort im Nordwesten der Stadt bereitet sich auf den Einzug der Elektromobilität vor. Mit der Erweiterung für die Fertigung rein elektrisch betriebener Fahrzeuge macht sich das Werk fit für die Zukunft und schafft mit dem Ausbau die Möglichkeit, künftig auf der bestehenden Fertigungslinie neben Benzin- und Hybrid-Modellen auch vollelektrische Fahrzeuge zu produzieren. Den Auftakt macht die nächste Generation des Macan: Als rein elektrisch betriebenes Fahrzeug, das auf der sogenannten PPE-Architektur (Premium Platform Electric) basiert, wird der Nachfolger des Macan bis dieses Jahrzehnt in Leipzig vom Band rollen. In den dafür notwendigen Aus- und Umbau des Werkes investiert Porsche insgesamt 600 Mio. Euro und gibt damit den Startschuss für die inzwischen fünfte Werkserweiterung. Herzstück des Ausbaus ist der neue Karosseriebau. Der Baubeginn erfolgte im vergangenen Jahr. Im März 2019 wurde symbolisch der Grundstein für das Gebäude gelegt. Die Halle wurde nicht frei auf dem Werksgrundstück platziert, sondern bindet in Nordverlängerung baulich und konstruktiv an die bestehenden Karosseriebauten des Macan und Panamera an. So konnten Synergieeffekte genutzt und der Flächenverbrauch verringert werden. Die Anbindungen an den Gebäudebestand sind planerisch anspruchsvoll und erfordern ein deutlich höheres Maß an Abstimmung und Koordination als ein Neubau auf der sogenannten „grünen Wiese".

Die Gebäudehülle ist weitgehend fertiggestellt. Im Inneren laufen Anlagenaufbau und die Bauarbeiten in Teilen der Halle und den Randbauten parallel. Der Karosseriebau verfügt über eine Grundfläche von insgesamt 78.500 m². Rund 70.000 m² beträgt die reine

Der Porsche-Standort im Nordwesten von Leipzig bereitet sich auf den Einzug der Elektromobilität vor. Mit der Erweiterung für die Fertigung rein elektrisch betriebener Fahrzeuge macht sich das Werk fit für die Zukunft   Abb.: Porsche Leipzig GmbH

Herzstück des Ausbaus ist der neue Karosseriebau. Die Halle (Baustand: Juni 2020) wurde nicht frei auf dem Werksgrundstück platziert, sondern bindet in Nordverlängerung baulich und konstruktiv an die bestehenden Karosseriebauten des Macan und Panamera an
Abb.: Porsche Leipzig GmbH

Produktionsfläche. Verbaut wurden 38.000 m³ Beton sowie 12.000 t Stahl. 64.000 m Stabilisierungssäulen kamen zum Einsatz und 270 Stützen wurden errichtet.

Stilistisch wird sich der Neubau als klassischer Industriebau in den bisherigen Bestand des Werksgeländes einfügen, indem er die gestalterischen Bezüge der Vorgängerbauten aufnimmt. Neu sind teils mehrgeschossige Randbauten mit Büro- und Versorgungsfunktionen, die kurze Wege in die Produktionsbereiche sicherstellen – darunter auch ein kleines Besucherzentrum, das Einblicke in die laufende Produktion ermöglicht. Ein wichtiger Logistikaspekt ist die Integration eines vollautomatischen Hochregallagers in die Baukörpermasse.

Der Begriff der Halle, mit dem man gemeinhin eine simple Stahlbaukonstruktion assoziiert, wird jedoch dem immensen Umfang der technischen Ausstattung kaum gerecht. Auf verschiedenen Niveaus greifen Fördertechnik und Produktionsprozesse komplex ineinander – mit der Folge sehr anspruchsvoller Medien- und Sicherheitstech-

nik. Das Gesamtkonzept lässt perspektivische Erweiterungen zu, die im aktuellen Projekt bereits vorgedacht wurden.

Die aufwendige Fundamentierung erfolgte mit Verdrängungspfählen. Dem ging eine ebenso anspruchsvolle Baugrundvorbereitung voraus. Wie im gesamten Werksbestand wird auch beim Neubau das Regenwasser genutzt. Auf den großflächigen Hallendächern bietet sich die Installation von Photovoltaikanlagen und Dachbegrünungen an. Der neue Gebäudekomplex wird an das bestehende Ver- und Entsorgungsnetz der Gesamtliegenschaft angeschlossen. Die Wär-

Stilistisch wird sich der Neubau als klassischer Industriebau in den bisherigen Bestand des Werksgeländes einfügen, indem er die gestalterischen Bezüge der Vorgängerbauten aufnimmt
Abb.: Porsche Leipzig GmbH

Unter dem Namen „Porsche Turbo Charging" brachte Porsche, an seinem Standort in Leipzig, einen neuen Ladepark ans Netz. Mit einer Gesamtleistung von sieben Megawatt ist der Ladepark aktuell der leistungsstärkste Schnellladepark Europas, der vollständig mit Strom aus regenerativen Energiequellen betrieben wird

Abb.: Porsche Leipzig GmbH

Während der Betriebsunterbrechung im Sommer dieses Jahres wurde auch das Herzstück der Montage wesentlich verändert: Antriebs- und Motoraufrüstung wurden umgebaut und eine neue Hochzeit integriert. Damit ist das Werk schon jetzt in der Lage, Elektrofahrzeuge zu montieren – ein weiterer wichtiger Meilenstein auf dem Weg zur Elektromobilität.

Im Zuge der Werkserweiterung integriert Porsche Leipzig auch die Achsmontage am Standort. Bislang hat das Werk diesen Arbeitsschritt an einen Systemlieferanten ausgelagert, der weiterhin für die aktuellen Modelle vom Typ Panamera und Macan tätig sein wird. Indem Porsche Leipzig seine Achsen für E-Fahrzeuge künftig selbst fertigt, wird die Produktion am Standort noch flexibler und effizienter. Die Achsmontage wird in unmittelbarer Werksnähe angesiedelt. Ihre Steuerung beruht auf dem Porsche-Produktions-System – mit klarer Qualitätsverantwortung, kurzen Regelkreisen und Just-in-Sequence-Anbindung an die Fahrzeugproduktion.

Auch das Kundenzentrum ist bereits elektrisch durchgestartet: Un-

mebereitstellung erfolgt aus dem Nahwärmenetz, über zwei in den Randbauten angeordnete Technikzentralen. Neben dem Gesamtwärmebedarf ist zur Sicherstellung von peripheren Versorgungsgebäuden eine Nahwärmetransferleitung im Gewerk berücksichtigt.

Nicht nur auf der Baustelle für das neue Gewerk herrscht Hochbetrieb: Neben dem neuen Karosseriebau wird insbesondere die Montage angepasst. Hier erweiterte Porsche die bestehende Produktionslinie, damit künftig drei verschiedene Antriebsformen – Benzin-, Hybrid- und reine Elektrofahrzeuge – gefertigt werden können. Dafür wurde unter anderem in zwei Abschnitten ein neues Bauteil mit einer Größe von 2.200 m² errichtet. Die Herausforderung dabei: Eine Vielzahl der Baumaßnahmen erfolgte bei laufendem Betrieb.

Der Karosseriebau verfügt über eine Grundfläche von insgesamt 78.500 m². Rund 70.000 m² beträgt die reine Produktionsfläche. Verbaut wurden 38.000 m³ Beton sowie 12.000 t Stahl

Abb.: Porsche Leipzig GmbH

Neben dem neuen Karosseriebau wird insbesondere die Montage angepasst. Hier erweiterte Porsche die bestehende Produktionslinie, damit künftig drei verschiedene Antriebsformen – Benzin-, Hybrid- und reine Elektrofahrzeuge – gefertigt werden können   Abb.: Porsche Leipzig GmbH

ter dem Namen „Porsche Turbo Charging" hat Porsche im Februar einen Schnellladepark ans Netz gebracht. Die Gesamtleistung des Ladeparks beträgt sieben Megawatt. Aktuell verfügt der Standort damit über Europas leistungsstärksten Schnellladepark, der vollständig mit Strom aus regenerativen Energiequellen betrieben wird. Porsche ist es wichtig, ganzheitlich nachhaltig zu denken. Damit setzt der Sportwagenhersteller nicht nur mit seinen Produkten Maßstäbe: Die Deutsche Gesellschaft für Nachhaltiges Bauen (DGNB) hat Porsche in Leipzig mit der Höchstnote Platin ausgezeichnet. Damit zertifiziert die DGNB das rund 427 ha große Werk als besonders nachhaltigen Industriestandort. Neben Umweltschutz, Biodiversität und Energie-Ökobilanzen betrachtet die DGNB den Umgang mit Ressourcen, die Gestaltung des Standorts, städteklimatische Auswirkungen und Infrastruktureinrichtungen, die ökologische Baubegleitung, Lebenszykluskosten und Wertstabilität sowie die dazugehörigen Planungen und Prozesse. Besonders gut beurteilt die DGNB unter anderem die Ökobilanz des Energiemanagements und die Wandlungsfähigkeit des Standorts. Die Vision: eine Produktion, die keinen ökologischen Fußabdruck hinterlässt – eine „Zero Impact Factory".

Die Porsche Leipzig GmbH kann auf eine erfolgreiche Geschichte zurückblicken: 2002 begann das Werk mit der Serienproduktion des SUV Cayenne mit 259 Mitarbeitern. Seitdem wurde der Standort konsequent zu einer der modernsten und nachhaltigsten Produktionsstätten der Automobilbranche entwickelt. Das Modell Macan ist eng mit der Erfolgsgeschichte von Porsche Leipzig verbunden. Bereits die Werkserweiterung im Jahr 2011 und damit der Ausbau zum Vollwerk mit eigenem Karosseriebau und eigener Lackiererei erfolgten für das kompakte SUV. Vor vier Jahren wurde die vorerst letzte, vierte Ausbaustufe in Betrieb genommen, womit nun auch die Baureihe Panamera komplett in Leipzig gefertigt wird. Seit Beginn investierte Porsche mehr als 1,3 Mrd. Euro in den sächsischen Standort. Heute beschäftigt die Porsche Leipzig GmbH rund 4.300 Mitarbeiterinnen und Mitarbeiter. Der Standort fertigt die Porsche-Baureihen Panamera und Macan.

Bauherr:
Porsche AG

Partner am Bau:
- tp management GmbH - teamproject
- pbr Planungsbüro Rohling AG
- KAFRIL Bau GmbH
- Züblin Stahlbau GmbH
- Söhnel Elektroanlagen GmbH

Wir sind der Projektsteuerer an Ihrer Seite

Wenn Sie ein Projekt realisieren, dann tragen Sie Verantwortung für eine wichtige Investition. Der Weg zum Ziel birgt Risiken für Ihre Kosten-, Termin- und Qualitätsziele. Jetzt muss jede Entscheidung sitzen! Wir organisieren Ihr Projekt, erzeugen Transparenz und sichern Ihre Projektziele. Wir teilen Ihre Leidenschaft und führen Ihr Team zum Projekterfolg. Uns können Sie vertrauen. Entscheiden Sie sich für Kompetenz. Entscheiden Sie sich für teamproject.

Die Vielschichtigkeit eines Projektes und dessen Einzigartigkeit erfordern ein tiefgreifendes Know-how und Erfahrung. Die Schlüssel zum erfolgreichen Projektmanagement haben wir stets parat. Wir begleiten und führen Sie bei der Entwicklung, Vorbereitung und Durchführung Ihres Vorhabens – egal wie komplex, individuell und herausfordernd es auch sein mag.

teamproject ist Ihr Dienstleister für eine erfolgreiche Projektabwicklung. Das Unternehmen steht jedem Auftraggeber für anspruchsvolle Projekte von der Entwicklung über die Umsetzung bis zur Übergabe des Objektes zur Seite. teamproject steht für gemeinsames Handeln zur Erzielung von Kostensicherheit, Sicherung der Termine und Umsetzung der gesteckten und vorgegebenen Qualitäten in einem individuell angepassten Managementsystem.

Über uns:
- 3 Niederlassungen (Dresden, Leipzig und Berlin)
- 50 Mitarbeiter*innen (Ingenieure*innen und Architekten*innen)
- Öffentliche und private Auftraggeber
- 145 erfolgreiche Projekte
- 3,8 Mrd. EUR realisiertes Projektvolumen

Ausgewählte Projekte:
- Bauhaus Museum Dessau
- Barenboim-Said Akademie Berlin
- BOS Digitalfunk Sachsen
- Wiederaufbau Garnisonkirche Potsdam
- Max-Planck-Institut für Mikrostrukturphysik Halle/S.
- Archiv der Avantgarden Dresden

team >> project

Stammsitz Dresden

Kügelgenhaus
Hauptstraße 13
01097 Dresden

Tel.: +49 (351) 20 69 30 – 0
Fax: +49 (351) 20 69 30 – 9

www.teamproject.de

Wir sind der Projektsteuerer für Porsche

Wir steuern seit der Werkansiedlung von Porsche in Leipzig alle Ausbaustufen des Werkes für die Fahrzeugprojekte Cayenne, Panamera, Macan und Bentley. Durch die anspruchsvollen und komplexen Bauaufgaben verbunden mit den hohen Anforderungen von Porsche an die Termin-, Kosten- und Qualitätsziele waren alle Projekte eine große Herausforderung für das gesamte Team. Die Projektsteuerung umfasst alle Projektphasen und das komplette Leistungsbild nach AHO, insbesondere:

- Betreuung der Masterplanung und Konzepterstellungen mit Definition der Projektziele
- Betreuung von 3 B-Plan-Verfahren
- Abstimmungen mit Ämtern, Behörden und Versorgungsunternehmen
- Steuerung der Einbindung der Planungsbüros und ausführenden Firmen
- Betreuung der Genehmigungsverfahren (nach BImSchG und bauordnungsrechtlich)
- Betreuung der Erschließung und archäologischen Prospektionen
- Steuerung der Planung und Bauausführung inkl. Bauen bei laufender Produktion
- Steuerung der Abnahme, Inbetriebnahme und Dokumentation

In allen durch teamproject betreuten Porscheprojekten mit einem Projektvolumen > 1 Mrd. EUR wurden die vereinbarten Termin-, Kosten- und Qualitätsziele durch professionelles und engagiertes Projektmanagement zusammen mit Porsche stets erreicht. Eine besondere Anerkennung für die Qualität der Leistung von teamproject war die Auszeichnung mit dem Supplier-Award durch den Vorstand der Dr. Ing. h.c. F. Porsche AG für hervorragendes Projektmanagement im Rahmen der Exzellenzinitiative von Porsche.

Im aktuellen Projekt mit der Integration des Macan Nachfolgers als reines Elektrofahrzeug betreten wir zusammen mit Porsche am Leipziger Werkstandort den Weg zur Elektromobilität.

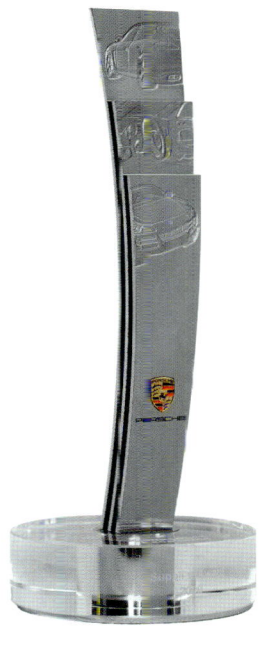

Niederlassung Leipzig

Gottschedstraße 11
04109 Leipzig

Tel. +49 (341) 35 11 75 – 30
Fax +49 (341) 35 11 75 – 40

Niederlassung Berlin

Wilhelmine-Gemberg-Weg 6
Aufgang A
10179 Berlin

Tel. +49 (30) 202 15 65 – 0
Fax +49 (30) 202 15 65 – 29

Verlässliche Lösungen für den Industriebau

GESAMTPLANUNG GEPAART MIT BUILDING INFORMATION MODELING FÜR MEHR INNOVATION

In der Regel sind es an der Ökonomie ausgerichtete Faktoren, die heutigen Industriebau bedingen. Es gilt, eine möglichst hohe Funktionalität bei niedrigen Betriebskosten zu gewährleisten. Nachhaltigkeit und Energieeffizienz sind Aspekte, die dabei außerdem nicht zu kurz kommen dürfen. Doch wie kann Industriebau diesen komplexen Themen gerecht werden, finanzierbar bleiben und ästhetisch überzeugen?

Seit fast 60 Jahren setzt sich das Architektur- und Ingenieurbüro pbr Planungsbüro Rohling AG mit den Anforderungen des modernen Industriebaus an inzwischen zwölf Standorten in ganz Deutschland auseinander. Die rund 500-köpfige Belegschaft schöpft ihre Leistungsfähigkeit und ihr Innovationsvermögen aus der gelebten Zusammenarbeit in komplexen Projekten.

War es in den 1960er und 1970er Jahren die Gesamtplanung, die als Novum seiner Zeit eine termin- und kostengerechte sowie individuelle Planung und Realisierung von Industriebauten gewährleistete, bedient sich das interdisziplinäre Büro inzwischen zusätzlich der Arbeitsweise Building Information Modeling (BIM), um komplexe Planungsaufgaben für Industrieanlagen zu lösen. Die Projektplanung mit BIM ermöglicht allen Beteiligten den Zugriff auf das aktuelle Gebäudemodell mit allen relevanten Planungsdaten und gewährleistet damit und durch die Dreidimensionalität eine verbesserte Planungs-

Für die Produktionslinie AL3 von Hydro Aluminium erbrachte pbr die Gesamtplanung
Abb.: Fotograf Axel Hartmann

qualität, die schließlich eine höhere Qualität des Bauvorhabens sichert.

Eine beispielhafte Industrieplanung der pbr AG stellt unter anderem der Neubau der Produktionslinie AL3 für Hydro Aluminium in Grevenbroich dar. Derzeit erbringt pbr im Auftrag der Porsche AG die Gesamtplanung für die Werkserweiterung Neubau Karosseriebau am Produktionsstandort Leipzig und den Erweiterungsbau für die Produktion von E-Motoren in Zuffenhausen.

Gesamtplanung für den Industriebau
Individuell geplant, wirtschaftlich umgesetzt

pbr

Guter Industriebau entsteht, wenn ein Höchstmaß an Funktionalität mit anspruchsvoller Architektur vereint und Betriebskosten durch intelligenten Gebäudebetrieb minimiert werden. Als überregional tätiges Architektur- und Ingenieurbüro mit zwölf Standorten bundesweit erbringt die pbr AG sowohl fachspezifische Planungsleistungen als auch umfassende Gesamtplanungen für die Industrie. Rund 500 Architekten und Ingenieure, über 60 Jahre Erfahrung und gelebte Zusammenarbeit in komplexen Projekten bilden die Grundlage für den Erfolg unserer Bauherren. www.pbr.de

Qualität schafft Vertrauen

Seit über 30 Jahren sind wir in der Baubranche am Markt tätig und überzeugen Kunden durch unsere KAFRIL Qualität. Das ist der Grund, der unsere Geschäftspartner immer wieder auf unser Leistungsangebot zurückgreifen lässt.

Aber nicht nur Kunden wissen unsere Kompetenzen und Leistungen zu schätzen. So erhielten wir 2010 den „Wirtschaftspreis des Landkreis Leipzig" und 2011 den „Großen Preis des Mittelstandes" der Oskar Patzelt Stiftung.

Es macht uns Spaß, Lösungen für komplexe Projekte im Erd- und Tiefbau, Straßenbau sowie beim Abbruch zeitnah zu bewerkstelligen. Dabei ist es notwendig, dass unsere Mitarbeiter nicht nur qualifiziert sind, sondern auch vor Ort Entscheidungen treffen können. Dies ist nur möglich, da wir in unserem Unternehmen Wert auf kurze und schnelle Entscheidungswege legen und so gegenüber unseren Mitbewerbern einen großen Vorteil haben. Jeder einzelne geht dabei mit Herz und Verstand an seine Aufgabe.

Doch ohne moderne Maschinen wären unsere Mitarbeiter weniger effektiv. Darum sind wir als Unternehmen darauf bedacht, einen gut ausgerüsteten Maschinenpark bereitzustellen, der durch unsere firmeneigene Werkstatt stets gewartet und in Stand gehalten wird.

Verschaffen Sie sich auf unserer Homepage einen kleinen Einblick in die Leistungsfähigkeit unseres Unternehmens. Oder besuchen Sie unseren Firmensitz in Großzschepa nahe Leipzig (Sachsen) und gewinnen selbst einen Eindruck über die KAFRIL Qualität.

UNSERE STÄRKEN

Kurze und schnelle Entscheidungswege - Unsere flache Firmenhierarchie ermöglicht unseren kompetenten Polieren und Vorarbeitern schnelle Entscheidungen vor Ort zu treffen und garantiert so einen zügigen Ablauf auf der Baustelle.

Mut zur Innovation - Wir sind immer auf der Suche nach optimalen Lösungen für neue Herausforderungen. Unsere Bagger sind mit „OilQuick" ausgestattet und die Erdbaumaschinen mit neuester GPS-Technik.

Moderne Technik - Nicht nur Kreativität in der Werkstatt und vor Ort auf den Baustellen unterstreichen unseren Mut zur Innovation, sondern auch die Investitionen in den Maschinenpark. In der Regel sind unsere Maschinen nicht viel älter als zwei Jahre.

KAFRIL Qualität - Gemäß unserem Motto „Qualität schafft Vertrauen" verpflichten wir uns gegenüber unseren Auftraggebern, durch unsere geschulten, motivierten und engagierten Mitarbeiter ein überdurchschnittliches Maß an Qualität zu liefern.

Unserer Kompetenz verdanken wir es auch, dass wir bereits die Präqualifizierung nach VOB vorweisen können und so unsere Transparenz und Solidität unterstreichen.

KAFRIL Unternehmensgruppe
Röcknitzer Str. 01, 04808 Lossatal CT Großzschepa
Tel. 034263 | 7840, Fax: 034263 | 73440
info@kafril.de, www.kafril.de

ERD- UND TIEFBAU
ABBRUCH
AUSSENANLAGEN
RECYCLING

Denn Qualität schafft Vertrauen.

KAFRIL

Eigentumswohnungen in besten Lagen von Dresden

Das Wohnensemble „Königspark" auf der Wachwitzer Höhe wird mit den Weidners Stadtvillen „Eugen"
und „Eugenie" vollendet / „Schillings Duett" mit 26 Eigentumswohnungen in Löbtau-Süd

Die 1991 gegründete Baywobau Dresden ist eine Niederlassung der
Münchner Muttergesellschaft und hat in den vergangenen Jahrzehnten an vielen Orten das Stadtbild durch zahlreiche Projektrealisierungen geprägt. Zwei aktuelle Neubauprojekte zeugen auch in dieser Ausgabe davon.

HAUS „EUGEN" UND „EUGENIE" IM KÖNIGSPARK

Der Arzt Dr. Eugen Weidner entdeckte vor mehr als 100 Jahren ein
80.000 m² großes Park- und Waldgrundstück auf der Wachwitzer Höhe
in Oberloschwitz und ließ nach dessen Erwerb inmitten des Kiefern-
wäldchens ein Kurbad nach seinen Vorstellungen errichten. Auf dem
Areal des ehemaligen Weidner-Sanatoriums, das nun Königspark heißt,
entstanden in mehreren Bauabschnitten bis Sommer 2018 auf insgesamt 9.950 m² 94 2- bis 5-Zimmer-Wohnungen in fünf Häusern.
56 Wohnungen sind dabei in den drei denkmalgeschützten Gebäuden aus der Entstehungszeit (1914 – 1916) entstanden. Die Häuser
tragen die Namen der drei sächsischen Könige Albert, August und Jo-
hann. Die Fassaden mit den Mansarddächern und Natursteinsockeln
blieben fast unverändert. Nur die Dachgauben wurden vergrößert und
die Wohnungen bekamen neue Balkone. Viele Originalteile im Inneren wurden restauriert.
Noch während der Sanierung der Denkmalbauten war der Grundstein

„Weidners Stadtvillen": Die beiden Villen des letzten Bauabschnitts tragen die Vorna-
men vom Gründer der Kurklinik und seiner Frau, Eugen und Eugenie, als Dank für
den schönen Ort, den er hinterlassen hat   Abb.: Quelle Baywobau

„Weidners Stadtvillen": Auf dem großen Areal der ehemaligen Kurklinik auf der
Wachwitzer Höhe ist viel Freiraum für die Bewohner der neuen Eigentumswohnungen   Abb.: Quelle Baywobau

für zwei Neubauten gelegt worden, die nach nur 18-monatiger Bauzeit bereits im Herbst 2019 vollständig bezogen werden konnten. Sie
sind nach den Königinnen Amalie und Maria benannt und ergänzen
das „Trio der Könige" architektonisch.
Der Abriss des ehemaligen Bettenhauses hat Platz geschaffen für zwei
weitere Stadtvillen. Bei diesem Anfang 2019 begonnenen 3. und letzten Bauabschnitt entstehen mit den zwei Häusern „Eugen" und „Eu-

genie" insgesamt 46 weitere hochwertig ausgestattete Eigentumswohnungen in dieser außergewöhnlichen Lage. Die 2- bis 5-Zimmer-
Wohnungen mit ca. 50 m² bis 136 m² Wohnfläche verfügen alle mindestens über einen Balkon, und den Erdgeschosswohnungen sind jeweils Gartenanteile mit Terrasse zugehörig. Zu den gehobenen
Ausstattungsmerkmalen zählen Sanitärobjekte namhafter Hersteller,
Echtholzparkett, Sonnenschutz u.v.m. Selbstverständlich stehen ausreichende Abstellräume für Fahrräder und Kinderwagen, Tiefgara-
genstellplätze und Außenstellplätze sowie Ladestationen für Elektroautos zur Verfügung. Die altersgerechte Konzeption ist durch Aufzüge und stufenfreie Zugänge gesichert und der besonderen Lage des
Königsparks wird mit einer detailreichen Freiraumgestaltung, die auch
einen Waldspielplatz beinhaltet, entsprochen.

„SCHILLINGS DUETT", LÖBTAU-SÜD

In Löbtau-Süd, inmitten eines gewachsenen Wohngebiets, sind insgesamt 26 Eigentumswohnungen auf zwei Stadtvillen verteilt entstanden, die sich mit ihren Proportionen gut in die überwiegend grün-
derzeitlich geprägte Architektur der Nachbarschaft einfügen. Die
Grundstücke in der Schillingstraße 3 liegen in „zweiter Reihe" – sie
befinden sich im Inneren des Blocks – und sind allseitig umfriedet.
Die Zufahrt erfolgt über die Schillingstraße. Das Quartier ist gut an
das öffentliche Nahverkehrsnetz angebunden. Innenstadt und Uni-
versitätsviertel sind von hier aus schnell erreicht. Namensgeber für die

„Schillings Duett": Eine attraktive Bepflanzung der umlaufenden Außenanlagen mit
Büschen und Kleinbäumen, ebenerdige Abstellräume für Fahrräder und Kinderwagen
und ein kleiner Spielbereich für Kinder runden das anspruchsvolle Gesamtkonzept ab
Abb.: Baywobau

„Schillings Duett": Die zwei Häuser wurden im Juli 2020, drei Monate vor dem geplanten Fertigstellungstermin, fertiggestellt
Abbildungen: Baywobau

beiden Stadthäuser „Julius" und „Anna" sind die Eltern des Bildhauers
Johannes Schilling.

Pro Etage wurden jeweils zwei 2-Zimmer- und eine 4-Zimmer-Woh-
nung konzipiert. Sie haben Wohnflächen von 58 m² bis 104 m². Die
Dachgeschosse teilen sich jeweils zwei 3-Zimmer-Wohnungen mit
Wohnflächen von ca. 88 m² und 92 m² mit großzügig geschnittenen
Dachterrassen.

Mit hellem Parkett, Fußbodenheizung, Tageslichtbädern mit Marken-
sanitärobjekten und teilweise separaten Gästetoiletten sowie Haus-
wirtschaftsräumen wird ganz den Ausstattungsmerkmalen entsprochen, die Erwerber von Eigentumswohnungen im mittleren bzw. gehobenen Segment erwarten. Moderne Aufzugsanlagen, Tiefgaragen-
und Außenstellplätze sind fester Bestandteil derartiger Konzepte und
stehen ausreichend zur Verfügung. Fahrradabstellmöglichkeiten sind
sowohl im Haus 2 „Anna" als auch im Außenbereich gegeben. Die
Wohnungen bieten große kombinierte Wohn- und Essbereiche mit in-
tegrierter Küche auf 25 m² und sind zweiseitig belichtet. Die Errichtung der Erdgeschosswohnungen erfolgt barrierefrei.

-Projekt „Königspark, Häuser Eugen und Eugenie"
Bauherr:
Baywobau Königspark Dresden GmbH & Co. KG, Dresden
Planender Architekt:
Planungsbüro Bastert Architekten und Ingenieure Dresden

-Projekt „Mehrfamilienhaus Schillingstraße, Dresden"
Bauherr:
Baywobau Bauträger AG,
vertreten durch Baywobau Baubetreuung GmbH, NL Dresden
Planender Architekt:
Ruhsam + Ullrich Architekten Ingenieure GmbH, Dippoldiswalde

Partner am Bau:
- Schlosseck Dresden GmbH & Co. KG
- Rommel Bau GmbH & Co. KG
- CP Maler & Ausbau GmbH
- Dr. Scholz Gesamtplan GmbH
- Fliesen Unganz
- GEOKART Ingenieurvermessungsgesellschaft mbH
- Statik- und Brandschutzbüro Borchert und Bucher
  Ingenieurpartnerschaft mbB
- Schindler Aufzüge und Fahrtreppen GmbH

 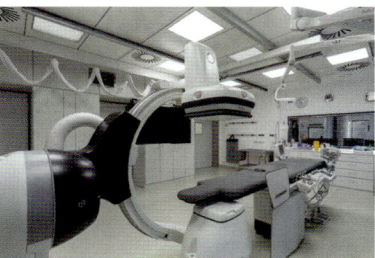 
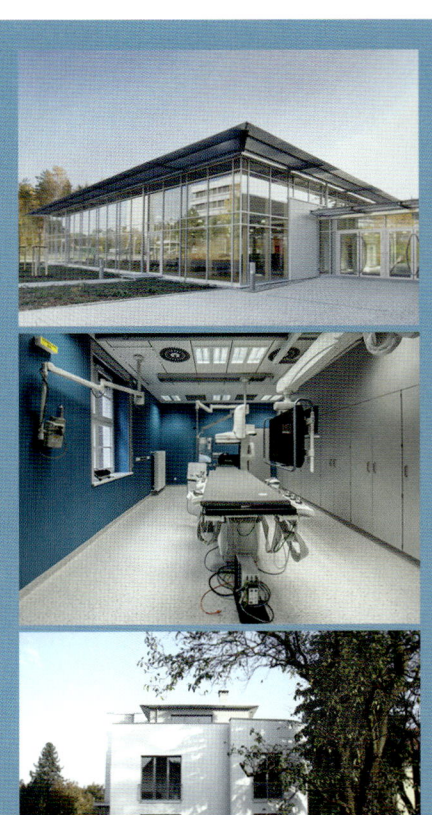

Historische Bedeutung und moderne Anforderungen

Das neue Justizzentrum Leipzig

In Leipzig entsteht ein Justizzentrum, das historischen Bestand und neue Nutzungen verbindet. Auf dem Grundstück hat das Amtsgericht seinen Sitz – und hier befand sich die Justizvollzugsanstalt Leipzig, deren denkmalgeschützte Räume für Frauenhaft und Verwaltung in den neuen Komplex integriert werden. Hier und in den sechsgeschossigen Neubau, der an die Stelle des schon 2002 abgerissenen Hafttrakts im Innenhof tritt, wird die Staatsanwaltschaft einziehen. In einem der Flügel der ehemaligen Haftanstalt, in der Arndtstraße 48, befand sich bis zur Abschaffung der Todesstrafe 1987 die letzte zentrale Hinrichtungsstätte der DDR. Hier wird unabhängig von der Staatsanwaltschaft eine eigenständige Gedenkstätte mit Museumsbereich eingerichtet werden.

PLANUNG UND ENTWURF STAATSANWALTSCHAFT

Das Raumprogramm für die Staatsanwaltschaft Leipzig mit ihren rund 250 Mitarbeitern umfasst im Wesentlichen Büro-, Besprechungs- und Aktenräume, Archiv- und Registraturflächen sowie Lagerflächen für Asservate, alles unter Berücksichtigung der sehr hohen Sicherheitsanforderungen, die für die Staatsanwaltschaft als Ermittlungsbehörde notwendig sind.

Der Neubau aus zwei T-förmig kombinierten Riegeln formuliert eine bauliche Lösung für den Innenhof, die zwischen den Bestandsgebäuden vermittelt, einen angemessenen Abschluss zu den angren-

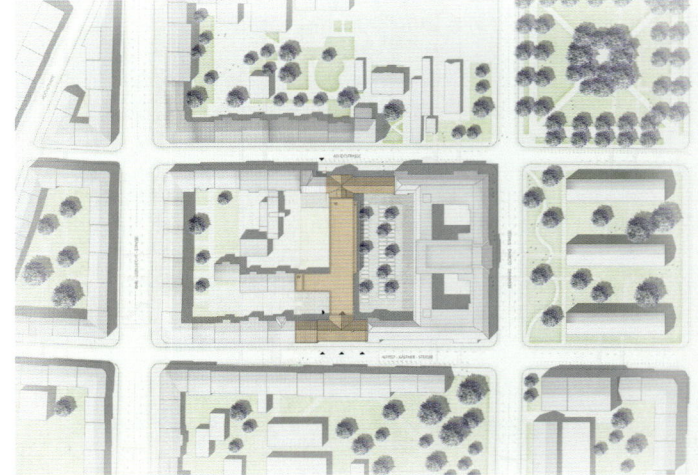

Lageplan   Abb.: ksg

Der Neubau soll als einfacher, klar gegliederter Verwaltungsbau mit einer ruhigen Gestaltung die beiden Bestandsbauten verbinden   Abb.: ksg

zenden Höfen der Wohnbebauung schafft und gleichzeitig das umfangreiche Raumprogramm beherbergt. Seine Kubatur bewirkt die räumlich-städtebauliche Abgrenzung des Sonderbereichs Justiz und verbindet gleichzeitig durch eine Höhenstaffelung von vier bis sechs Geschossen das deutlich höhere Amtsgericht mit den viergeschossigen Wohnbebauungen. Im Kontrast zum Neubau stehen die denkmalgeschützten Bestandsgebäude der JVA und des Amtsgerichts, die in ihrer Grundstruktur erhalten bleiben. Sie werden funktional an die Erschließung des Neubaus angebunden, denkmalgerecht saniert und nur in Teilbereichen umgebaut.

kister scheithauer gross architekten und stadtplaner GmbH

Schnittansicht Hof Nord: Der neue Baukörper ist zum Amtsgericht hin vom Erdgeschoss bis zum 2. Obergeschoss breiter und springt dann in den oberen Geschossen zurück   Abb.: ksg

VERBINDUNGSBAU

Der Neubau im Innenhofbereich soll als einfacher, klar gegliederter Verwaltungsbau mit einer ruhigen Gestaltung die beiden Bestandsbauten verbinden. Die sechsgeschossige hinterlüftete Fassade aus hellen Betonfertigteilen wird dabei horizontal in drei Teile gegliedert, die vertikal jeweils zwei Geschossebenen verbinden. Diese gewählte Aufteilung nimmt die Gebäudehöhe zurück und vermittelt so gegenüber den viergeschossigen Wohnhäusern. Der neue Baukörper ist zum Amtsgericht hin vom Erdgeschoss bis zum 2. Obergeschoss breiter und springt dann in den oberen Geschossen zurück. Dadurch wird der nüchtern wirkende und rund 70 m lange Baukörper gegliedert und harmonisch strukturiert.

BESTANDSGEBÄUDE JUSTIZVOLLZUGSANSTALT

Der besondere denkmalpflegerische Fokus liegt auf den beiden straßenseitigen Fassaden einschließlich der vollständig erhaltenen Kastenfenster und Fenstergitter. Aufgrund der bauphysikalischen Anforderungen und den Sicherheitsbelangen der Staatsanwaltschaft werden die inneren Fenster durch neue ersetzt, die den heutigen Anforderungen entsprechen. Die äußeren, straßenseitigen Fenster sowie deren Gitter bleiben erhalten und werden saniert. Die Außenwände werden durch eine Innendämmung energetisch verbessert. Eine Besonderheit des Gebäudeflügels entlang der Arndtstraße stellen die ehemaligen Haftzellen mit der beeindruckenden Treppenanlage dar, die sich vom 1. Obergeschoss bis zum 4. Obergeschoss erstrecken. Dieser Bereich wird vollständig erhalten und für Asservaten- und Bibliotheksräume genutzt. Die einzelnen Zellen erhalten Verbindungstüren in den Trennwänden. Die historischen Zellentüren

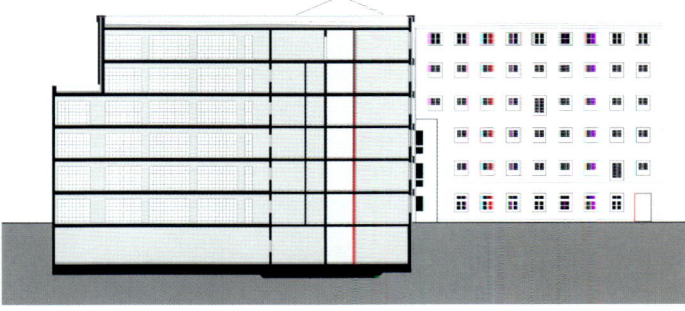

Schnittansicht Neubau/Bestand   Abb.: ksg

werden soweit möglich saniert und als Blindtüren verschlossen. Der barrierefreie Zugang erfolgt über eine neue Erschließung im Verbindungsbereich zum Neubau.

Bauherr:
Staatsbetrieb Sächsisches Immobilien- und Baumanagement (SIB), Niederlassung Leipzig I
Planender Architekt:
kister scheithauer gross
architekten und stadtplaner GmbH, Köln/Leipzig

Partner am Bau:
- Basler & Hofmann Deutschland GmbH
- DELTA-Planungsgesellschaft mbH
- Bautrocknung matter Leipzig GmbH
- BULL Ingenieurplan Dipl.-Ing. Frank Ziegler
- Rosenberger GmbH
- KREBS+KIEFER Ingenieure GmbH
- Dresdner Bohrgesellschaft mbH

BAB 9 / Naumburg – Fahrbahnerneuerung und Ausbau Tank+Rast Osterfeld

Bauüberwachung Neubau und Sanierung Justizzentrum Leipzig

Investitionsmaßnahmen an der Rennschlitten- und Bobbahn in Altenberg

Ausbau der Vereinigten Weißeritz in Dresden

Umwelt & Wasser
- Wasserbau
- Hochwasserschutz
- Hydraulik / GIS
- Landschafts- und
  Freiraumplanung

Verkehrswege
- Verkehrsplanung
- Straßenbau
- Brückenbau
- Straßenausstattung

Tiefbau
- Grundbau und Geotechnik
- Grundwassersicherung
- Erschließungsplanung

Consulting
- Immobilienstrategie
- Entwicklungs-
  konzepte
- Projektsteuerung
- Fördermittel-
  management
- Bauoberleitung
- Bauüberwachung

Tragwerksplanung
- für alle Bauwerke
  des Hoch- und
  Tiefbaus
- Überprüfung der
  Standsicherheit für
  Bestandsbauten
- Zustandsbeurteilung
  und
  Sanierungsplanung

Hochbau
- Gesellschafts- und
  Wohnungsbau
- Gewerbe- und Indus-
  triebau
- Sportanlagen
- Sakralbau

Als unabhängiges Ingenieur-, Planungs- und Beratungs-
unternehmen bearbeiten wir Projekte in allen Leistungsphasen.

Von den ersten Konzeptideen über die Machbarkeitsstu-
die und die Projektierung bis zur Bauleitung begleiten wir
unsere Kunden.

Wir entwickeln wegweisende Lösungen für unseren intensiv genutzten Raum. Fachleute aus mehreren Disziplinen
arbeiten dafür zusammen. Vernetztes Denken und der
Blick fürs Ganze zeichnen unsere Arbeit aus.

Für jedes Vorhaben stellt Basler & Hofmann ein individuelles Projektteam zusammen. Darin sind alle Fachgebiete
vertreten, die für eine optimale Lösung erforderlich sind.

Basler & Hofmann
Deutschland GmbH

Mansfelder Str. 48
DE-06108 Halle (Saale)
Tel.: 03 45 / 86 38 - 0
info@baslerhofmann.de

Gewerbering 3
DE-01744 Dippoldiswalde
Tel.: 0 35 04 / 6 26 86 - 0
info.dw@baslerhofmann.de

Löbtauer Straße 44
DE-01159 Dresden
Tel.: 03 51 / 43 83 09 - 0
info.dd@baslerhofmann.de

Konsulplatz 4/5
DE-02826 Görlitz
Tel.: 0 35 81 / 4 26 97 - 10
info.gr@baslerhofmann.de

Wilthener Straße 32, Gebäude 70
DE-02625 Bautzen
Tel.: 0 35 91 / 3 82 89 - 0
info.bz@baslerhofmann.de

www.baslerhofmann.de

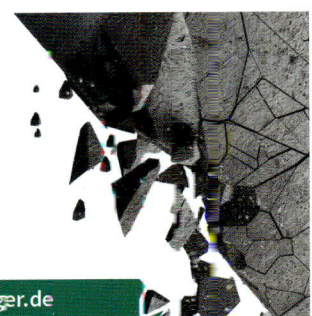

Forschungs- und Klinikbauten in Leipzig und Dresden

„Haus 7" am Universitätsklinikum Leipzig / Deutsches Zentrum für Neurodegenerative Erkrankungen (DZNE) und Zentrum für Innovationskompetenz (ZIK) B CUBE in Dresden / Nationales Centrum für Tumorerkrankungen (NCT) in Dresden

Das Architekturbüro wörner traxler richter mit Standorten in Frankfurt, Dresden, München und Basel ist ein erfahrenes Planungsbüro mit besonderer Expertise im Gesundheitsbereich, zu dessen Auftraggebern öffentliche und private Krankenhausträger, Bund, Länder und Kommunen sowie Universitäten und Forschungsinstitute in Deutschland, Österreich, der Schweiz und Luxemburg zählen. Bauten für Gesundheitswesen und Forschung sind sehr stark gesellschaftlichen und medizinischen Entwicklungen und wissenschaftlich-technischen Fortschritten unterworfen und die Planung muss sich u.a. auch politischen Entwicklungen und Faktoren des demografischen Wandels anpassen. Die im Folgenden vorgestellten Neubauten wurden in den vergangenen zwei Jahren fertiggestellt und geben einen Einblick in die Komplexität der jeweiligen Aufgabenstellung und deren architektonischer Umsetzung.

UNIVERSITÄTSKLINIKUM LEIPZIG, HAUS 7

Nahezu zehn Jahre nach der Einweihung des Neubaus für Frauen- und Kindermedizin ist der Klinikcampus an der Liebigstraße um einen me-

Universitätsklinikum Leipzig, Haus 7: Der Medizincampus Leipzig wächst – das neue Klinikzentrum, Haus 7, erweitert die bestehenden Zentren entlang der Liebigstraße in östlicher Richtung und wurde am 20. September 2018 offiziell eingeweiht
Abbildungen: Christian Börner

Universitätsklinikum Leipzig, Haus 7: In der onkologischen Tagesklinik erhalten die Patienten ihre Chemotherapien in einer angenehmen, wohnlichen Atmosphäre
Abb.: Christian Börner

Universitätsklinikum Leipzig, Haus 7: Die Kindermediziner erhalten großzügige neue Stationen, gestaltet mit Tiermotiven an den mehrheitlich gelben Wänden, um den kleinen Patienten das Auffinden ihrer Zimmer zu erleichtern   Abb.: Christian Börner

dizinisch und auch städtebaulich wichtigen Baustein ergänzt worden. Damit hat die Kinder- und Jugendmedizin dringend benötigte Flächen gewonnen – u.a. für das Sozialpädiatrische Zentrum, für die Kinderonkologie mit einer Transplantationseinheit und für eine interdisziplinäre psychosomatische Kinderstation. Hauptzugang bleibt das prägnante Eingangsgebäude der Alten Chirurgie; die neuen Abteilungen schließen sich direkt an das Bestandsgebäude an und erweitern damit die vorhandenen Bereiche der Kinder- und Jugendmedizin.

Mit dem neuen Klinikzentrum ist es zudem gelungen, das Universitäre Krebszentrum Leipzig und dessen Spezialisten mit einer eigenständigen Adresse baulich zusammenzuführen. „Versorgung aus einer Hand an einem Ort" lautet das Konzept. Die große Portalambulanz im Erdgeschoss empfängt, berät und lenkt die onkologischen Patienten – u.a. in die benachbarte, großzügige Tagesklinik oder auf die Stationen in den oberen Geschossen. Die beiden Hauptnutzer, Kindermedizin und Krebszentrum, verlangten nach individuellen Gestaltungskonzepten. Im Bereich der Onkologie und auf den Erwachsenenstationen sorgen Materialien in warmer Holzoptik, elegante weiße Einbaumöbel und großflächige Fototapeten mit Naturmotiven aus dem Leipziger Umland für eine gediegene, wohltuende Atmosphäre während der unterschiedlich langen und anstrengenden Therapiephasen.

EIN NEUBAU FÜR ZWEI UNTERSCHIEDLICHE FORSCHUNGSEIN-RICHTUNGEN

Interdisziplinäre Kontakte zu fördern war neben Synergieeffekten und Kostenminimierungen der maßgebliche Grund für die Entscheidung, einen gemeinsamen Neubau für zwei unterschiedliche Forschungs-einrichtungen in Dresden zu errichten. Die Fläche von ca. 5.700 m² teilen sich das Deutsche Zentrum für Neurodegenerative Erkrankun-gen (DZNE) und das Zentrum für Innovationskompetenz (ZIK) B CUBE zu etwa gleichen Teilen.

Im Eingangsbereich des viergeschossigen, von Sichtbeton, Eichenfur-nier, schwarzem Metall und fugenlosem Boden geprägten Raums mit

DZNE und B Cube: Dass hier zwei Nutzer unter einem Dach zusammenkommen, do-kumentiert das Haus bereits nach außen. Differenzierte Fassadenlineaturen gliedern die hellen Faserzementplatten und verzahnen sich schließlich in der zentralen Halle. Eine leuchtend gelbe Skulptur vor dem Eingangsbereich symbolisiert das Zusammen-wirken von Stabilität und Leichtigkeit, von Stärke und Fragilität biologischer Struktu-ren
Abb.: Christian Börner

gemeinsamer Rezeption, Lounge und Konferenzbereich beginnt auch die Kommunikation. Eine freitragende Treppe und ein Glasaufzug ver-binden das Foyer mit den Besprechungsräumen und den großflächi-gen Laborbereichen. Letztere sind in dem L-förmigen Baukörper klar ihrer jeweiligen Institution zugeordnet und aufgrund der unter-schiedlichen Arbeitsweisen beider Zentren in ihrer baulichen Struktur stark differenziert. Das ZIK B CUBE ist in klassische Laborbereiche und Büros gegliedert und verfügt über einen gemeinsamen Aufenthalts-bereich für seine Mitarbeiter. Im DZNE hingegen werden neurodege-nerative Erkrankungen in innovativen Großraumlaboren erforscht. Die Aufenthaltsbereiche sind hier direkt an die jeweiligen Großraumbü-ros angeschlossen.

Zur Unterbringung besonders schwingungsempfindlicher Untersu-chungsgeräte wie Elektronenmikroskope, Massespektroskope und La-sermikroskope wurde der Bau mit extrem schwingungsarmen Fun-damenten und Decken ausgestattet.

DZNE und B Cube: Im gemeinsamen Eingangsbereich sowie den Aufenthalts- und Besprechungszonen dominieren Metall, Sichtbeton und Eichenfurnier die Innenraum-gestaltung
Abbildungen: Christian Börner

NATIONALES CENTRUM FÜR TUMORERKRANKUNGEN (NCT) AM UNIVERSITÄTSKLINIKUM DRESDEN

Der kürzlich eingeweihte Neubau des Nationalen Centrums für Tumorerkrankungen NCT am Universitätsklinikum Dresden bietet eine weltweit einmalige Verbindung von interdisziplinärer Krebsforschung und Krebstherapie unter einem Dach und etabliert den Standort Dresden national und international als Leuchtturm in der Onkologie. Das Zentrum ist eine gemeinsame Einrichtung des Deutschen Krebsforschungszentrums (DKFZ), des Universitätsklinikums Carl Gustav Carus Dresden, der Medizinischen Fakultät der Technischen Universität Dresden und des Helmholtz-Zentrums Dresden-Rossendorf (HZDR).

Herzstück des Neubaus ist der zentrale und weltweit einzigartige Forschungscluster in Form eines vierblättrigen Kleeblatts. Um einen zentralen Schaltraum herum gruppieren sich vier hoch technisierte Säle mit Operations- und Bildgebungstechnik. Im „Operationssaal der Zukunft" können Wissenschaftler und Mediziner mit digital vernetzten Instrumenten und Geräten wichtige Daten zur Entwicklung computer- und robotergestützter Assistenzsysteme für die Krebschirurgie gewinnen. Zwei weitere Säle mit MRT bzw. PET-CT-Großgeräten und ein Simulationssaal ergänzen das Cluster. Zudem sind in unmittelbarer räumlicher Nähe zwei Strahlentherapie-Einheiten entstanden – der erste hochpräzise Linearbeschleuniger ist bereits in Betrieb, für den zweiten steht die bauliche Hülle bereit.

Die medikamentösen Therapien erhalten ambulante Patienten in der onkologischen Tagesklinik im 1. Obergeschoss – einem weiteren wesentlichen Bestandteil des Hauses. Hinzu kommen modernste Laboratorien und Bereiche für Patientenstudien.

Interdisziplinäres Arbeiten heißt auch Kommunikation. Diese Anfor-

NCT: Das erste ostdeutsche Protonentherapiezentrum ist auf dem Campus des Universitätsklinikums Dresden angesiedelt   Abb.: Christian Börner

derung ist zu einer tragenden Säule für die Architektur des Hauses geworden. Verschiedene Aufenthaltsbereiche bieten Raum für unkonventionellen Austausch zwischen Wissenschaftlern und Medizinern – so die zweigeschossige Halle, die großzügige Dachterrasse oder die an den Eingangsbereich anschließende Cafeteria. Gleichzeitig sind diese Flächen Angebote für ein entspanntes Warten für Besucher und Angehörige.

Um den unterschiedlichen Nutzern, Inhalten und damit auch Wegeführungen gerecht zu werden, wurde das Kleeblattmotiv als Gestaltungselement weiterentwickelt und dient in unterschiedlichen Farbigkeiten auch als Orientierungshilfe im Haus. Das grüne Muster dominiert im Forschungscluster und in der Strahlentherapie, Gelb führt in die Patientenebene mit der Tagesklinik. Petrolfarbig sind die Laborbereiche und Räumlichkeiten für die Forscher und Wissenschaftler. Doch nicht nur im Innenraum, auch für die Gestaltung der Metallfassade stand das Kleeblatt Pate und trägt zu einer identitätsstiftenden Außenwirkung des NCT bei.

NCT: Auch bei diesem Neubau zeigt sich die Qualität in der Reduzierung aufs Wesentliche und die überzeugende Wirkung gekonnten Zusammenspiels von Materialität und Farbe   Abbildungen: Christian Börner

Planender Architekt:
wörner traxler richter planungsgesellschaft mbh, Dresden
Bauherr
-Projekt „Universitätsklinikum Leipzig, Haus 7":
Universitätsklinikum Leipzig AöR, Leipzig
-Projekt „DZNE und Zentrum für Innovationskompetenz (ZIK) an der TU Dresden":
Staatsbetrieb Sächsisches Immobilien- und Baumanagement, Dresden
-Projekt „Nationales Centrum für Tumorerkrankungen":
Universitätsklinikum Carl Gustav Carus, Dresden

Partner am Bau:
- Mayer-Vorfelder und Dinkelacker Ingenieurgesellschaft für Bauwesen GmbH & Co. KG
- IPN Laborprojekt GmbH
- KLUGE Klima- und Filtertechnik GmbH
- Statik- und Brandschutzbüro Borchert und Bucher Ingenieurpartnerschaft mbB
- GBB Grundbau Bautzen GmbH
- KREBS+KIEFER Ingenieure GmbH

Auf dem Gelände des Universitätsklinikums in Leipzig eröffnete am 20.09.2018 mit dem fertiggestellten Haus 7 ein neues Zentrum für Hochleistungsmedizin mit den unterschiedlichsten Nutzungsbereichen.

Das entwickelte Gebäudetragwerk ist optimal auf die aktuelle Nutzung des Gebäudes abgestimmt. Auf Grund der minimierten Anzahl der tragenden Bauteile konnte eine schnelle Bauzeit erzielt werden. Bei einer eventuellen Nutzungsänderung ist ein hohes Maß an Flexibilität in der Raumgestaltung gegeben. Mit dem Verzicht auf Unterzüge unterhalb der Decken sind störende Barrieren für die Installationen beziehungsweise Nachinstallationen von Gebäudetechnik dauerhaft ausgeschlossen.
Die Anbindungen an das Bestandsgebäude im Bereich des Unter-

Abbildungen: wörner traxler richter planungsgesellschaft mbH

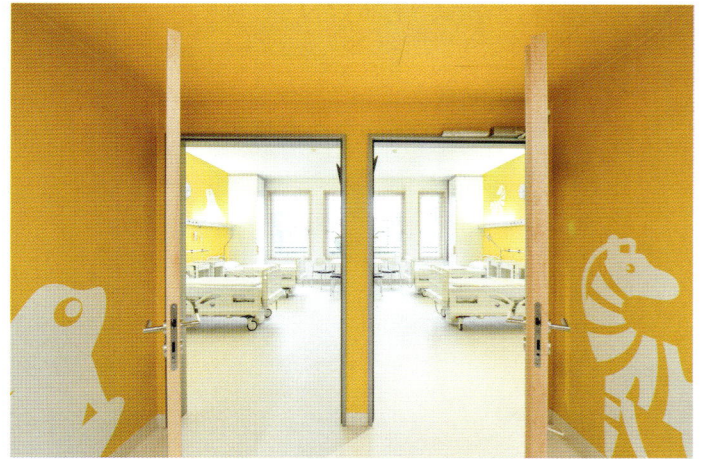

geschosses konnten durch die effektive und geschickte statische Ausnutzung der vorhandenen Querschnitte vereinfacht und für die Ausführung und Kostenentwicklung optimiert werden.
Die Umbauten an der Bestandswand Haus 6 waren durch die Entwicklung von Bauablaufplänen und Schemata im laufenden Klinikbetrieb überhaupt erst umsetzbar.
Für die Ingenieure der Mayer-Vorfelder und Dinkelacker Ingenieurgesellschaft ergab sich somit eine ganz besondere Herausforderung in der Tragwerksplanung, medizinisch vergleichbar mit einer Operation unter Teilnarkose.

MAYER-VORFELDER DINKELACKER, Dresden

Neubau DZNE und B-Cube – 2 Laborfunktionen vereint unter einem Dach

Im Neubau sind die Laboratorien des Zentrums für Innovationskompetenz (B-CUBE) und des Deutschen Zentrums für Neurodegenerative Erkrankungen (DZNE) unter einem Dach vereint untergebracht. Bei den modernen Laborbereichen handelt es sich dabei größtenteils um S1-Laboratorien nach GenTSV, einige wenige Räume entsprechen der Klassifizierung S2-Labore nach GenTSV.

Das Zentrum für Innovationskompetenz B-CUBE der TU Dresden besteht aus drei Abteilungen (BioProspecting, BioNano Tools und Bio-Mimetic Materials), die interdisziplinär zusammenarbeiten und deren Ziel es ist, Materialien mit Eigenschaften zu entwickeln, die natürlichen Materialien ähneln, aber auf technologischem Wege hergestellt werden können.

Der Bereich des B-CUBE erstreckt sich im Neubau vom Erdgeschoss bis in das 3. Obergeschoss und ist durch eine Einzellaborstruktur definiert.

Am DZNE hingegen werden die Gemeinsamkeiten und Unterschiede verschiedener Gehirnerkrankungen mit dem Ziel erforscht, neue präventive und therapeutische Ansätze zu entwickeln. Am Zentrum verbindet die Grundlagenforschung eng mit der klinischen Forschung, mit Populationsstudien und der Versorgungsforschung, um neue diagnostische Marker zu finden und eine rasche Entwicklung neuer Therapien zu ermöglichen. Um die Übertragung von Forschungsergebnissen in die Anwendung zu fördern, verbindet das DZNE am Standort Dresden vornehmlich Grundlagenforschung und klinische Studien.

Der Bereich des DZNE erstreckt sich im Neubau vom Erdgeschoss bis

in das 2. Obergeschoss und ist durch eine Struktur aus großzügigen Homebase-Laboren mit angeschlossenen Neben- und Funktionsräumen (Technologieplattformen) geprägt.

Um Ressourcen übergreifend synergetisch zu bündeln, nutzen B-CUBE und DZNE die vornehmlich im Untergeschoss situierten sogenannten gemeinsamen Räume zusammen. Hierbei handelt es sich um die Hausspülküche, um Bereiche zur Vernichtungssterilisation und um die Lagerräume für Chemikalien, Abfälle und für Flüssigstickstoff. Im Erdgeschoss ist ein Werkstattbereich mit Lager als weitere gemeinsame Fläche vorgesehen.

Aufgabe der Laborplanung war der intensive Dialog mit den Nutzervertretern beider Zentren zur Strukturierung der jeweils eigenen Bereiche sowie der gemeinsam genutzten Laborzonen. Dabei wurden in detaillierten Workshops die Labortechnischen Ausstattungen und die benötigte Medienversorgung definiert und qualifiziert sowie alle relevanten Schnittstellen hieraus mit der haustechnischen Fachplanung und der Gebäudeplanung abgestimmt. Das erfahrene Laborplanungsteam der IPN Laborprojekt GmbH bestehend aus Projektleitung, Laborfachplanern und CAD-Bearbeitung koordinierte dabei die Planungsprozesse rund um das Thema Labor in allen Leistungsphasen. Dabei wurden neben den klassischen Labortechnischen Anlagen wie Laborspülen, Labortische, Abzüge oder Sicherheits- und Gefahrstoffmanagement auch die nutzerseitigen wissenschaftlichen Geräte (z.B. Fermenter, CO_2-Inkubatoren, Sicherheitswerkbänke für biologische Arbeiten, Zentrifugen, Reversmikroskope, Rasterkraftmikroskop, Chromatographie, Spektroskopie, HPLC, FPLC etc.) eng in den Planungsprozess der Laborplanung integriert. Durch einen gleichbleibenden Personaleinsatz über alle Leistungsphasen konnte die erforderliche hohe Planungs- und Objektüberwachungsqualität für den Auftraggeber sichergestellt werden. Mit Expertise und Leidenschaft für die Schlüsselfunktion der Laborplanung konnte das Projekt erfolgreich abgeschlossen werden.

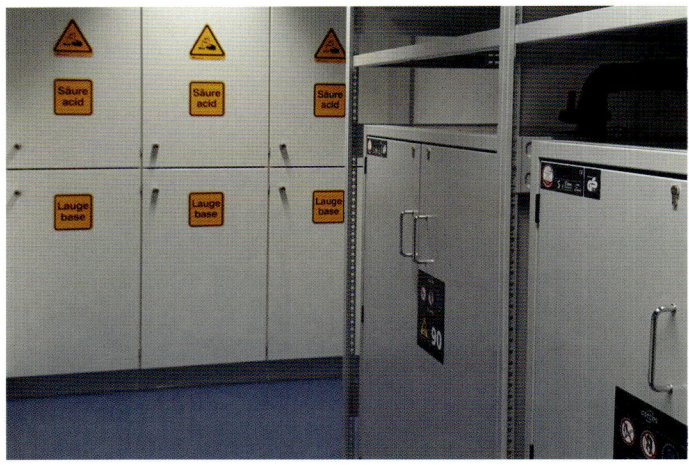

LABORPROJEKT GMBH
BERATENDE INGENIEURE

Kesselsdorfer Straße 127, 01169 Dresden
Telefon: (0351) 4 14 48-0, Telefax: (0351) 4 14 48 50
info@laborprojekt-ipn.de, www.laborprojekt-ipn.de

Produktinfo ◄

Feuerwehrschalter trennt Photovoltaik-Anlagen vom Netz

(epr) Ist auf einem Gebäude eine Solaranlage installiert, stehen die Stromleitungen, die ins Haus führen, permanent unter Spannung. Im Brand- und Überflutungsfall sind sie lebensgefährlich. Hier sorgt der Feuerwehrschalter von Eaton für mehr Sicherheit. Wird er in unmittelbarer Nähe der Photovoltaik-Module in die Gleichstromleitung zwischen Panel und Wechselrichter eingebaut, gewährleistet er, dass alle spannungsführenden Leitungen abgeschaltet werden können.

Weil die Leitungen zwischen den Solarmodulen und dem Wechselrichter selbst bei vermindertem Lichteinfall noch mit mehreren hundert Volt unter Spannung stehen, bestünde nämlich beim Löschen im Innenangriff Lebensgefahr. Mehr unter www.feuerwehrschalter.de.

Im Brandfall unterbricht man mit dem Feuerwehrschalter auf Knopfdruck unter Spannung stehende Leitungen zwischen Solarmodulen und Wechselrichter
(Foto: epr/Eaton)

85

Vielfältige Architektur- und Ingenieurleistungen

Neubauten im Werk von Bombardier Transportation in Bautzen / Neubauten für einen Fahrradhändler in Bautzen und Görlitz / Ein autarkes, schwimmendes Haus im Bergheider See

NEUBAU VON INDUSTRIEHALLEN, BAUTZEN

Am Standort Bautzen stellt die Bombardier Transportation AG Regional- und Fernverkehrszüge sowie S-, U- und Straßenbahnen für Europa und die Welt her. Auf dem Werksgelände werden stetig entsprechend der Fertigungsabläufe modifizierter oder neuer Modelltypen vorhandene Gebäude umgebaut bzw. saniert oder neue Hallen errichtet. Bei der Fertigung werden Hallen z.B. zur Farbgebung oder zur Elektromontage benötigt. Die AIB GmbH mit Sitz in Bautzen wurde in den vergangenen fast drei Jahrzehnten für diese Projektrealisierungen mit den Architekten- und Ingenieurleistungen beauftragt. Mitte Juni 2018 wurde beispielsweise eine neue Endmontagehalle in Betrieb genommen. In dem Neubau wurde am über 170 Jahre alten Traditionsstandort in Sachsen mit moderner Industrie 4.0 die digitale Produktion für Schienenfahrzeuge angefahren. In der zu diesem Zeitpunkt weltweit modernsten Montagehalle innerhalb des Unternehmens mit Ausmaßen von ca. 125 m mal 66 m können auf rund 8.100 m² im Zwei-Schicht-System bis zu 600 Wagen jährlich ausgebaut werden. Es lassen sich parallel drei verschiedene Fahrzeugtypen bauen. Doch damit nicht genug: Kurz darauf wurde mit dem Bau eines Testzentrums für Bahnen im südöstlichen Teil des Werksgeländes begonnen, und der Umbau weiterer bestehender Hallen zählt ebenfalls zum 30-Mio.-Euro-Investitionspaket der nächsten Jahre.

Die inzwischen fertiggestellten Hallen bestehen aus drei Teilbereichen mit angebauten Büro- und Sozialtrakten. Hier werden die Waggons einer abschließenden Funktions- und Qualitätsprüfung unterzogen. Diese beinhaltet neben der Prüfung der elektrischen und mechanischen

Industriehallen Bombardier Transportation AG in Bautzen: Auf dem Werksgelände werden stetig entsprechend der Fertigungsabläufe modifizierter oder neuer Modelltypen vorhandene Gebäude umgebaut bzw. saniert oder neue Hallen errichtet
Abb.: Bombardier Transportation AG

Bauteile auch eine Wasserdichtigkeitsprüfung mittels einer überdimensionalen „Waschanlage". Die erdgeschossigen Hallen haben zusammen eine Grundfläche von etwa 4.560 m². Der Hallenkomplex wurde als zweischiffige Stahlkonstruktion auf Einzelfundamenten errichtet. Die Außenwände bestehen aus Stahlblechkassetten mit 14 cm dicker Mineralwoll-Wärmedämmung und einer Trapezblech-Verkleidung. Eine vierte Halle mit einer Länge von rund 183 m und einer Breite von 15,6 m und gleicher Ausführung dient als Abnahmehalle für die Kunden. Die AIB GmbH bearbeitet dabei alle Planungsaufgaben im Hoch- und Tiefbau sowie in der Elektroplanung. Dabei wird besonderes Augenmerk auf die Belange energieeffizienter Bauweisen gelegt. Zum Team zählen Architekten, Ingenieure, Energieberater, zertifizierte Passivhausplaner, zwei Sachverständige für Nachhaltiges Bau-

BIKEpoint in Bautzen: Das Gebäude hat die Abmessungen 36,83 m mal 17,65 m und wurde als Fertigteilhalle mit Stahltrapezprofilblechen gedämmt ausgeführt
Abb.: Quelle AIB GmbH

„Schwimmendes Haus": Im Hafenbereich des Bergheider Sees, direkt unterhalb der F60-Förderbrücke schwimmt ein Ferienhaus in der Form eines Kristalls. In dem vom Bundesministerium für Bildung und Forschung geförderten Wachstumskern „autartec®" werden autarke Versorgungstechnologien für Gebäude und Ansiedlungen entwickelt und getestet
Abb.: Marén Kupke

en sowie ein Sachverständiger für Gebäudeschäden und zwei Brandschutzfachplaner. Für die Bombardier-Hallen in Bautzen wurden im Brandschutz-Konzept die Tragwerke mit einer Brandlastermittlung nach Abschnitt 7 der Industriebaurichtlinie (IndBauRL) nachgewiesen, sodass auf den Einbau von kostenintensiven und wartungsgebundenen Sprinkleranlagen verzichtet werden konnte.

BIKEPOINT IN BAUTZEN UND GÖRLITZ

Mit dem Kauf eines Grundstückes ergab sich für den Firmeninhaber eines Fahrradgeschäfts die Chance, das zuvor bestehende Mietverhältnis im Westen von Bautzen aufzukündigen und ein eigenes Gebäude nach seinen Vorstellungen errichten zu lassen. Auf der Muskauer Straße, in direkter Nachbarschaft zum Gewerbegebiet Bautzen Ost eröffnete 2019 das Unternehmen BIKEpoint Wiesner seinen neuen Firmensitz in Bautzen. Dafür wurde eine gewöhnliche Industriehalle derart modifiziert, dass die Flächen für die Nutzungen Verkauf, Werkstatt, Aufenthalt, Bad/Lager und Büro in jeweils gewünschter Größe und Ausstattung (z.B. beheizt/unbeheizt) zur Verfügung stehen. Dem Wunsch des Bauherrn nach einer preiswerten und doch auffälligen Konstruktion wurde mit einer gedämmten Stahlhalle nachgekommen, die in relativ kurzer Zeit fertiggestellt wurde. Die stützenfreie Hallenkonstruktion ermöglicht eine sehr variable Nutzung und Gestaltung des Verkaufsraumes. Für die Außen- und Innenwände sowie das Dach kamen Sandwichelemente (Stahl-PUR-Stahl) zum Einsatz, die das Tragsystem aus Stahlstützen und -trägern umhüllen.

Für den Bauherren wurde bereits ein ähnliches Gebäude in der Rauschwalder Straße 48 in Görlitz sowie ein Kaltlager in Bautzen gebaut. Als neuestes Projekt ist derzeit der dritte Standort in Hoyerswerda in der Ausführung.

EIN SCHWIMMENDES HAUS

Als Entwurfsverfasser und Forschungspartner plante und entwickelte die AIB GmbH seit August 2012 im vom Bundesministerium für Wissenschaft und Forschung geförderten Wachstumskern „autartec®" gemeinsam mit Partnern aus Wirtschaft und Forschung ein schwimmendes, autarkes Gebäude, das als Demonstrator zur weiteren Erprobung und Optimierung der entwickelten Technologien genutzt wird. Das autartec-FreiLichtHaus wurde Mitte April 2019 eingeweiht. Seit der Inbetriebnahme können die Erkenntnisse aus der Entwicklung multifunktionaler Carbonbeton-Bauteile und autarker Technologien zur Gebäudeenergieversorgung ausgewertet werden. Für die mehrjährigen Testläufe halten sich bis zu vier Forscher und Techniker zeitgleich und möglichst häufig im Gebäude auf, schlafen, kochen, waschen und arbeiten am Computer. Diese dem „Ferienwohnen" nachgestellte Nutzung dient besonders der Erprobung des Zusammenarbeitens der unterschiedlichen technischen Geräte sowie der Optimierung der intelligenten Gebäudesteuerung und dem Testlauf der Anlagen unter realen Witterungsbedingungen verschiedener Jahre. Dafür sind neben den drei kleinen Technikräumen ein Wohnzimmer, eine Küchenzeile mit Essplatz sowie ein kleiner WC-Raum im Erdgeschoss und im Obergeschoss ein Schlafbereich und ein Bad mit Wanne und Waschmaschine eingerichtet.

Das schwimmende Haus am Bergheider See bereichert mit seinem unkonventionellen Aussehen und einer Vielzahl implementierter neuer Technologien das Lausitzer Seenland. Die Form des Gebäudes wird durch das Ineinanderfügen dreier Würfel gebildet, von denen jeder optimal auf eine Hauptfunktion der autarken Gebäudeversorgung – Wärme, Strom und Wasser – abgestimmt ist. Zwei dieser Würfel sind zur maximalen Energiegewinnung aus der Senkrechten gekippt. Dabei wird auf der 30 Grad nach Süden geneigten Dachfläche des stegseitigen Würfels „Thermocube" im Sommer ausreichend Wärme über Solarthermiemodule gewonnen und auf den 70 Grad geneigten Süd- und Westfassaden des „Powercube" auch an Wintertagen genügend Strom über Photovoltaikzellen. Der zum Hafenbecken zeigende Würfel „Aquacube" stellt mit Terrasse und raumgroßen verglasten Schiebetüren auf Deckhöhe die direkte Verbindung zum Wasser her.

Das rund 50 t schwere Pontonsystem besteht aus vier gebäudetragenden Schwimmkörpern aus beschichtetem Stahl und wurde ca. 50 cm über der Wasseroberfläche durch Stahlträger zu einem etwa 180 m² großen Deck verbunden und über Dalben am Steg befestigt. Das Haus selbst wurde auf dem Deck aus Brettsperrholz- und Brettschichtholz-Fertigteilen montiert.

Im Bereich der Dach- und Wandschrägen befinden sich Nutzfläche sparend Wärmespeicher, Wärmepumpe und eine chemie- und biologiefreie Abwasserbehandlungsanlage. Als zusätzliche Wärmequelle

„Schwimmendes Haus": Solarthermiemodule und Photovoltaikzellen auf den überwiegend geneigten Wand- und Dachflächen sorgen für ausreichende Wärme- bzw. Stromgewinnung
Abb.: Marén Kupke

„Schwimmendes Haus": Multifunktionale Carbonbetonbauteile Treppe und Wand im schwimmenden Haus
Abb.: Marén Kupke

dient ein Kamin, der einen Salzhydratspeicher speist. Alle Anlagen werden durch eine intelligente Gebäudeleittechnik vernetzt und gesteuert.

Das Herz des 150 m² großen Gebäudes stellen im Drehpunkt der drei Würfel die Carbonbeton-Spindeltreppe und die flankierenden Carbonbetonwände mit integrierten Stromspeichern dar. Durch die Nutzung von Carbonbeton für diese multifunktionalen, tragenden und raumbildenden Bauteile ist es möglich, einerseits die konstruktiven, statischen und bauphysikalischen Anforderungen der jeweiligen Bauteilklasse einzuhalten, innerhalb der notwendigen Konstruktionstiefe aber außerdem noch Leerraum für die Integration von Haustechnikmodulen bereitzustellen. Aufgrund der Korrosionsbeständigkeit von Carbon konnten bei der Bauteilkonzeption dieser Carbonbetonbauteile auf einen Großteil der im Stahlbeton üblichen Betondeckung verzichtet und neue gestalterische Konzepte verfolgt werden. Mit nur 2 bis 3 cm Wandungsdicken sind diese Bauteile besonders schlank, leicht, statisch hochleistungsfähig, multifunktional ausgerüstet und anforderungsgerecht geformt.

Planender Architekt:
AIB GmbH Architekten Ingenieure Bautzen

Bauherr
-Projekt „Industriehallen Bombardier Transportation, Bautzen":
Bombardier Transportation, Bautzen
-Projekt „Zwei Verkaufs- und Lagerhallen für BIKEpoint Bautzen und Görlitz":
Stefan Wiesner
-Projekt „autartec®-Technologiedemonstrator":
Fraunhofergesellschaft zur Förderung der angewandten Forschung e.V., vertreten durch das Institut für Verkehrs- und Infrastruktursysteme IVI, Dresden

Partner am Bau:
• Klixer Recycling und Service GmbH
• Ingenieurbüro Dr. Scheffler & Partner GmbH
• Gleisbau Bautzen GmbH
• OBAG Hochbau GmbH
• Züblin Stahlbau GmbH

— Anzeige —

„Problemlöser und Manager"

Das Portfolio der OBAG Hochbau GmbH erstreckt sich über nahezu alle Branchen des Hochbaus.
Den klassischen Gewerbebau erstellen wir z.B. für private Industriekunden und Energieversorger.

Der Wohnungsbau von Mietwohnungen als auch von Eigentumswohnungen hat seit jeher einen großen Anteil unseres Umsatzvolumens. Projekte in Bayern, Berlin und Sachsen haben wir in den letzten Jahren realisiert.

Neu in unserem Portfolio haben wir den Bau von Hotels aufgenommen. Ein erstes tolles Projekt ist das Hotel Schillerhof in Weimar. Dieses Projekt befindet sich derzeit in der Realisierung und wird Mitte 2022 fertig gestellt.

All diese Projekte realisieren wir mit eigenem gewerblichen Personal und achten hier auf eine gute Ausbildung unseres Nachwuchses. Daher haben wir über 3 Lehrjahre ca. 16 – 18 Lehrlinge in der Ausbildung.

OBAG Hochbau GmbH, Bautzen

Produktionshalle mit Büro, scia systems

Hotel Schillerhhof, Weimar

BAUEN SCHAFFT VERTRAUEN

Die OBAG Hochbau GmbH ist ein traditionsreiches, mittelständisches Bauunternehmen.

Unser Kerngeschäft liegt in der schlüsselfertigen Erstellung von Gebäuden im industriellen/gewerblichen Hochbau sowie im Wohnungsbau. Unser Portfolio umfasst weiterhin die Sanierung und Modernisierung von bestehenden Industrieanlagen, Wohnungsbauten und Verbrauchermärkten.

Durch unser hochqualifiziertes, innovatives, zuverlässiges und leistungsfähiges Personal erfüllen wir den Anspruch, auch komplexe Projekte mit hohen organisatorischen Anforderungen zur vollen Zufriedenheit unserer Auftraggeber zu realisieren.

Wir sind Ausbildungsbetrieb und seit 2017 AMS SCC** zertifiziert.

Sie sind interessiert, dann kontaktieren Sie uns:

OBAG Hochbau GmbH
Paulistraße 1
02625 Bautzen

Tel. 03591 483-0
Fax 03591 483-109
info@obag-bautzen.de
www.obag-bautzen.de

OBAG HOCHBAU GMBH

Unsere Leistungen

- Rohbau
- Industriebau
- Gewerbebau
- Wohnungsbau
- Schlüsselfertigbau
- Generalunternehmer
- Generalübernehmer

Wohngebäude „Hanne23" Berlin

Bürokomplex „Dräger" Lübeck

Wohngebäude „Zille50" Berlin

Maßgeschneiderte Lösungen für urbane Bauvorhaben

Hotel Wasserturm in Delitzsch / Bürohaus Berliner Platz in Leipzig / Riverhouses und Palais Holbein in Leipzig-Schleußig / Wohnpalais Raschwitz in Markkleeberg

HOTEL WASSERTURM, DELITZSCH: BOARDINGHOUSE MIT RESTAURANT, BARS UND SPA

Lange tat sich nichts am Delitzscher Wasserturm. Nun wird das technische Denkmal Teil eines neuen Hotels. Die Leipziger Firma ImmVest Wolf/Tarik Wolf ist Bauherr des ehrgeizigen Projektes. Es entsteht ein Boardinghouse mit Turmrestaurant. Dazu wird der Wasserturm revitalisiert und von einem Neubau gerahmt.

Die Entwicklung für dieses außergewöhnliche Projekt hat einige Zeit in Anspruch genommen und die eine oder andere Hürde musste dabei genommen werden, um die aktuellen Bau- und Sanierungspläne realisieren zu können.

Der stadtbildprägende Wasserturm steht auf der Liste der Delitzscher Kulturdenkmale. Er wurde im Zusammenhang mit dem Bau eines Wasserwerks und des Trinkwasserleitungsnetzes der Stadt Anfang des 20. Jh. errichtet. Baubeginn am Turm war im Mai 1903 und bereits am 20. August desselben Jahres ging er als Trinkwasseranlage in Betrieb. Der zylindrische, 500 m³ fassende und oben offene Behälter ruht auf der Mauer des 46 m hohen Wasserturmes und versorgte alle Teile der Stadt. Die Oberkante des Behälters befindet sich in einer Höhe von 36 m. Die einzige Sanierungsmaßnahme erfolgte in den 1970er Jahren durch eine Dachreparatur. 1982 wurde der Turm auf die Denkmalliste gesetzt. Durch die Inbetriebnahme des neuen Delitzscher Wasserwerks in der Bitterfelder Straße im Juli 1993 wurde die alte Anlage und damit auch der Wasserturm in seiner Funktion obsolet und stillgelegt. Zwei Jahre nach seiner Stilllegung und Abtrennung vom Netz erfolgte der Verkauf. Danach gab es mehrere Eigentümerwechsel und die Immobilie wurde in Treuhänderschaft verwaltet. Dann meldete sich unerwarteterweise die zuvor nicht auffindbare Eigentümerin und es brauchte wiederum Jahre, bis allein die Eigentumsfrage geklärt war.

Das technische Denkmal war somit lange vom Verfall bedroht. Betongesimse rings um die Turmkugel stürzten bereits vor vielen Jahren herab. Das Bauwerk wurde als Sicherheitsrisiko für die benachbarten

Hotel Wasserturm in Delitzsch: Bei diesem außergewöhnlichen Projekt handelt es sich um einen Hotelneubau, in den der alte Delitzscher Wasserturm integriert wird
Abb.: DENDA Architekten

Gebäude betrachtet, sodass das Gelände unmittelbar um den Turm lange Zeit abgesperrt war.

Das ambitionierte Projekt birgt für alle am Projekt und Bau Beteiligten viele Herausforderungen. So wurde beispielsweise die Turmhaube komplett abgenommen, um nach den umfangreichen Umbauten und Modernisierungen restauriert wieder aufgesetzt zu werden.

Auf ca. 4.800 m² Bruttogeschossfläche entstehen 64 Apartments, ein Spa-Bereich, ein Turmrestaurant mit 239 Sitzplätzen und Aussichtsterrassen in 28 m Höhe. Nach Norden öffnet sich die Bebauung für ein gläsernes Treppenhaus. Am Fuße des Turmes entsteht ein großzügiger Park. Für das geplante Projekt mussten Gärten aufgegeben werden. Für die ehemaligen Pächter und ein vorhandenes Gartenlokal am Wasserturm wurden Lösungen gefunden. Auf dem Geländestreifen entlang der Bahnstrecke Halle—Guben und der Leipziger Straße entsteht eine Anlage mit erholungsorientiertem Gewerbe.

Die ImmVest Wolf GmbH betrachtet den Standort als zukunftsträchtig, auch weil er mit dem geplanten Straßenumbau der Leipziger Straße samt der Bahn-Unterführung aufgewertet wird.

Die „Bauen + Wirtschaft"-Redaktion wird die weitere Entwicklung des außergewöhnlichen Projekts im Blick behalten und gegebenenfalls in der nächsten Ausgabe über das fertiggestellte Bauvorhaben berichten können.

Hotel Wasserturm in Delitzsch: Die Dominanz des Turmes mit den konzentrischen Rundsegmenten bleibt erhalten
Abb.: DENDA Architekten

BÜROHAUS BERLINER PLATZ, LEIPZIG

Eine vernachlässigte Brache im Stadtorganismus von Leipzig wird durch die Errichtung eines Bürohauses verschwinden. An der belebten und frequentierten Berliner Straße nördlich des Hauptbahnhofs entsteht auf einem Eckgrundstück – hier mündet die Wittenberger Straße ein – ein achtgeschossiger Bürokomplex mit Tiefgarage. Die Ausfallstraßen führen zur Maximilianallee, zur Messe und zur Autobahn mit dem Gewerbestandort DHL, Porsche, BMW und dem Flughafen. Vielversprechendes Potenzial, um den Berliner Platz zum Anziehungspunkt für weitere Ansiedlungen zu machen.

Die Besonderheit des Entwurfs entsteht durch eine organisch strukturierte Fassade aus hochwertigen Alucobond-Elementen, die in Form, Farbe, Oberfläche und Beleuchtung diesen Ort markieren werden. Die geplante Doppelfassade des Neubaus wird ein Blickfang und unterstützt das Bestreben, mit dem Bauvorhaben einen imposanten Auftakt für eine strategische Entwicklung des inneren Nordens zu setzen. Das Objekt beherbergt auf ca. 3.600 m² Nutzfläche neben den multifunktional nutzbaren Büroflächen auch Flächen für Handel, Gastronomie und Freizeiteinrichtungen. Zum Konzept gehört eine Sky-Bar auf dem Dach des Neubaus, die auf große Zustimmung der Baudezernentin von Leipzig stieß. Der kommunikative Ort bietet zukünftig interessante Ausblicke auf die Stadtsilhouette.

RIVERHOUSES UND PALAIS HOLBEIN, LEIPZIG

Auf einer ehemaligen Brachfläche im Stadtteil Schleußig ist in einer der schönsten Ecken von Leipzig – so sagen nicht wenige – ein neues Wohnquartier entstanden. An den Ufern der Weißen Elster wurde neu gebaut, saniert und revitalisiert. In der letzten Ausgabe berichteten wir bereits über das inzwischen fertiggestellte Projekt „Riverhouses". „Leben am Wasser" – unter dieser Überschrift entstand an der Holbeinstraße im 1. Bauabschnitt eine kammartige Bebauung mit 38 Eigentumswohnungen mit zwei bis fünf Zimmern. Die ungewöhnliche Gebäudekubatur ermöglicht es, „Luft und Sonne" in das dahinterliegende Wohnviertel von Schleußig zu lassen. Statt einem hochgeschlossenen Bau ragen drei schlanke, weiße Gebäude über einer gemeinsamen Sockelzone auf. Die gewählte Architektursprache

Riverhouses und Palais Holbein: An der Weißen Elster wird ein neues Wohnquartier fertiggestellt, das im nachgefragten Stadtteil von Leipzig auch öffentlich zugängliche Erlebnisräume am Wasser bietet
Abbildungen: punctum FOTOGRAFIE GmbH/Bertram Kober bzw. ImmVest Wolf

Bürohaus Berliner Platz in Leipzig: Mit der U-förmigen Bebauung wird eine seit vielen Jahrzehnten existierende Kriegsbaulücke geschlossen. Die benachbarten Klinkergebäude in der Berliner Straße werden integriert   Abb.: DENDA Architekten

mit ihren Schrägen und Stelzungen erweckt Assoziationen zu Speichern, wie sie auch am Lindenauer Hafen stehen. Die Flusshäuser verfügen über eine Tiefgarage, die auch den Nutzern/Bewohnern der weiteren Bauabschnitte zur Verfügung steht.

Im benachbarten ehemaligen Fabrikgebäude in der Holbeinstraße 28 fertigten einst die Karosseriewerke Seegers & Sohn Pferdekutschen und luxuriöse Automobile. Zu DDR-Zeiten und nach der Wende dienten die Räume als Kfz-Werkstatt und Büros. Das Gebäude wurde inzwischen denkmalgerecht saniert. Im Hauptgebäude und in zwei kleinen Pavillons entstanden 22 Loft-Wohnungen. Ins Erdgeschoss ist ein griechisches Restaurant gezogen. Am Ufer ankert als erweiterte Gastronomiefläche das Holzboot Thiseas.

In einem weiteren Bauabschnitt entstehen im Palais Holbein an der Holbeinstraße 32 auf den sechs Geschossen 14 Wohnungen. Die Ausbildung des 4. und 5. Obergeschosses dieser Stadtvilla als Staffelge-

schoss führt zu einer Verjüngung des Gebäudes in die Höhe. Die Kubatur des Neubaus passt sich so den Dachlandschaften der Nachbarbebauung in der Holbeinstraße an. Gleichzeitig bietet es die Möglichkeit, den in diesen Ebenen liegenden Wohnungen großzügig bemessene Dachterrassenflächen zuzuordnen.

Durch die Lage der Einfahrt zur Tiefgarage an der Holbeinstraße bleibt der Hof des Quartiers, dessen Gesamtfertigstellung für 2021 geplant ist, verkehrsfrei. Die innen liegende Erschließung des Areals erfolgt durch Passagen, die parallel zu Holbeinstraße und dem Wasserweg geführt werden. Durch das Absenken der ehemals 5 m hohen Ufermauer ist eine Uferpromenade auf zwei Ebenen geschaffen worden, die über Treppenanlagen und Rampen verbunden sind und zum Verweilen und Spazieren einladen.

WOHNPALAIS RASCHWITZ, MARKKLEEBERG

Die Lage des südlich an Leipzig angrenzenden Markkleeberg zeichnet sich durch seine Nähe zu Natur- und Erholungsgebieten aus. In der Bergbaufolgelandschaft sind große Seen und ausgedehnte Waldgebiete mit hohem Freizeitwert entstanden. Über die Bundesstraße B2 an die Leipziger Innenstadt angebunden bietet die Kleinstadt beste Voraussetzungen für die Verbindung vor Arbeits- und Lebenswelt. Die Mehrfamilienhausvilla in der Hauptstraße 22 wurde 2019 fertiggestellt. Alle Anbindungen zum öffentlichen Personennahverkehr sind in der näheren Umgebung gegeben.

Über drei Geschosse verteilen sich zehn hochwertig ausgestattete 3- bis 5-Zimmer-Wohnungen, deren Wohnbereich der ausgesuchten Lage entsprechend durch Balkone und Terrassen in den Außenraum erweitert werden. In allen Wohnungen wurden im Schlaf- und Badezimmerbereich praktische Lösungen für den Alltag realisiert. So wird der Eintritt in das Bade- und Ankleidezimmer u.a. durch Schiebetüren ermöglicht. Die großzügig dimensionierten Wohn- und Essbereiche mit offener Küche entsprechen der aktuell nachgefragten Grundrissgestaltung. Zu jeder Einheit gehört ein Außenstellplatz direkt hinter dem Gebäude.

Wohnpalais Raschwitz: Auf 78 m² bis 198 m² Wohnfläche kann Ruhe genossen und neue Kraft getankt werden Abbildungen: DENDA Architekten

Planender Architekt:
DENDA Architekten
Architektur + Stadtplanung + Projektentwicklung, Markkleeberg

Bauherr
-Projekt „Hotel Wasserturm in Delitzsch":
Tarik Wolf, ImmVest Wolf GmbH, Leipzig
-Projekt „Bürohaus Berliner Platz in Leipzig"
KSW Firmengruppe, Leipzig
-Projekt „Palais Holbein in Leipzig":
LE Riverhouse GmbH, Leipzig
-Projekt „Wohnpalais Raschwitz in Markkleeberg":
Tarik Wolf, ImmVest Wolf GmbH, Leipzig

Partner am Bau:
• Schindler Aufzüge und Fahrtreppen GmbH
• malerwerkstätten.com

Moderner Wohnraum mitten im historischen Viertel

Neues Wohnquartier am Altmarkt in 1a-Lage gegenüber der Kreuzkirche in Dresden, zwischen Pfarrgasse und Schreibergasse

Die REVITALIS REAL ESTATE AG mit Sitz in Hamburg sowie Niederlassungen in Köln, Dortmund, Dresden, Erfurt und Mainz entwickelt und revitalisiert anspruchsvolle, großvolumige Immobilienprojekte in Deutschland. Der Unternehmensschwerpunkt liegt in den Asset-Klassen Wohnen/Mikroapartments der REVITALIS-Eigenmarke „behome", Einzelhandel, Büro und Hotel. Diese werden bei großen Quartiersentwicklungen je nach Bedarf durch soziale Infrastrukturmaßnahmen wie Kitas, Schulen, Betreuungs- und Pflegeeinrichtungen sowie Ärztehäuser ergänzt. Das Team der REVITALIS REAL ESTATE AG verfügt über langjährige Expertise im Immobilien- und Kapitalmarkt und realisiert ausgesuchte Projekte mit dem Anspruch, die Interessen von Investoren und Nutzern in Einklang zu bringen sowie nachhaltige Wertschöpfung zu generieren. Dabei arbeitet das Unternehmen mit institutionellen und semi-institutionellen Investoren, Real Estate Private Equity Unternehmen sowie Finanzinstituten aus dem In- und Ausland zusammen.

Die REVITALIS hat in 1a-Lage in Dresden, in unmittelbarer Nachbarschaft zum Altmarkt, ein neues Wohnquartier entwickelt. Im November 2019 wurde auf dem 3.140 m² großen Projektgrundstück gegenüber der Kreuzkirche, zwischen Pfarrgasse und Schreibergasse, Richtfest gefeiert. Bis zum Herbst 2020 werden die 213 modernen

Nordwestliche Perspektive auf das WOHNQUARTIER AM ALTMARKT
Abb.: REVITALIS/cube visualisierungen

Mietwohnungen mit einer Wohnfläche von insgesamt 14.300 m² sowie teilweise kleinere Gewerbeflächen im Erdgeschoss und eine Tiefgarage mit 119 Stellplätzen fertiggestellt. 32 Wohnungen werden für den öffentlich geförderten Wohnungsbau entstehen.

Aufgrund der exponierten Grundstückslage hatte die REVITALIS zusammen mit der Stadt Dresden schon Ende 2015 einen Fassadenwettbewerb mit fünf Architekturbüros durchgeführt. Der Siegerentwurf vom Hamburger Architekturbüro MPP MEDING PLAN + PROJEKT GmbH, das auch die Generalplanung verantwortet, sieht die Fortschreibung der Blockrandbebauung vor, welche bereits durch die anliegenden Neubauten umgesetzt wurde. Die Fassadenfarben und -materialien leiten sich sowohl aus dem neuen städtebaulichen Umfeld als auch aus dem historischen Kontext ab. Dadurch integriert sich das neue Wohnquartier in das bauliche Umfeld und ein einheitliches Quartiersbild entsteht.

Mitten in der Dresdner Altstadt gelegen war das Grundstück Gegenstand von archäologischen Erkundungen. Gewölbeteile des dabei gefundenen alten Pfarrwitwenhauses werden von der REVITALIS für die Bewohner sichtbar im Gebäude integriert und erhalten.

Blick vom Dach des Rohbaus auf die benachbarte Kreuzkirche
Abb.: REVITALIS/Ken Wagner

Bauherr:
REVITALIS DREIZEHNTE Grundstücksgesellschaft mbH & Co. KG
Planender Architekt:
MPP MEDING PLAN + PROJEKT GmbH, Hamburg
Generalunternehmer:
DIW Bau GmbH, Kamenz

Partner am Bau:
- Wärme- und Klimatechnik GmbH
- Estrichbau Bernd Stiegler GmbH & Co. KG
- Fliesen Unganz
- Statik- und Brandschutzbüro Borchert und Bucher Ingenieurpartnerschaft mbB

Eine außergewöhnliche Kombination

Das Quartier an der Ostseite des Leipziger Hauptbahnhofs verbindet Citynähe, Mobilitätsanbindung und Konferenzbereich. Realisiert hat den neuen Stadtraum die S&G Development GmbH

An der östlichen Bahnhofsflanke in Leipzig sind ein Fernbus-Terminal samt aufgestapeltem Parkhaus (Abb.) sowie ein Hotelkomplex mit Doublebrand-Konzept entstanden
Abb.: Heico Halwas

Der Hauptbahnhof ist das dominierende Gebäude der Leipziger Innenstadt und sein näheres Umfeld gehört mit einer Vielzahl an markanten Solitärgebäuden, weitläufigen Platzflächen und Verkehrsachsen zu den Orten der Sachsenmetropole, die in hohem Maße großstädtisches Flair ausstrahlen. Das gilt umso mehr, seit der Projektentwickler S&G Development GmbH der östlichen Bahnhofsflanke ein neues Gesicht verliehen hat. Nach mehrjähriger Planung und knapp drei Jahren Gesamtbauzeit entstanden an dieser komplexen und prominenten Stelle, die vorher eine Parkfläche für Busse und Autos war, ein Fernbus-Terminal samt aufgestapeltem Parkhaus sowie ein Hotelkomplex mit Doublebrand-Konzept. Als Generalunternehmer fungierte die GP Papenburg Hochbau GmbH, Niederlassung Ost.

EUROPAWEIT AUSGELOBTER ARCHITEKTENWETTBEWERB

Los ging es mit dem Projekt „Leipzig Hauptbahnhof Ostseite" im Dezember 2012. Damals erwarb S&G den ersten Teil des insgesamt 11.100 m² großen Areals zwischen Brandenburger Straße und Sachsenseite. Anderthalb Jahre später unterbreitete das Unternehmen mit Sitz in Leipzig und Frankfurt am Main der Stadtverwaltung ein Stufenkonzept und führte auf dieser Basis eine Grundsatzverständigung zu Umfang, Struktur und Ablauf des Großbauvorhabens herbei. Im Juni 2015 wurde ein europaweit ausgelobter Architektenwettbewerb auf den Weg gebracht, den das Büro Gerber Architekten GmbH für sich entscheiden konnte; im Dezember desselben Jahres wurde der Resterwerb des besagten Areals vollzogen.

Die Grundsteinlegung für das Fernbus-Terminal feierte S&G im März 2017. Ein Jahr später nahm der Busbahnhof planmäßig den Betrieb auf – und erfüllte in den folgenden zwölf Monaten alle Erwartungen an einen modernen Mobilitäts-Hub: Mehr als 1,5 Millionen Reisende

haben das Terminal in 27.900 Fernbussen passiert. Das entspricht einem durchschnittlichen Fahrgastaufkommen von etwa 125.000 Passagieren pro Monat. Mittelfristig erhofft sich der Betreiber GOLDBECK Parking Services GmbH eine Zunahme des Bus- und Fahrgastaufkommens um 10 bis 15 Prozent gegenüber dem ersten Betriebsjahr. Zum Fernbusterminal mit seiner leichten, transluzenten Lochblechverkleidung gehören neun überdachte Bussteige im Außenbereich und ein Reservesteig, die den Reisenden wettergeschützten Ein- und Ausstieg ermöglichen. Der ÖPNV und die Deutsche Bahn sind nur wenige Schritte entfernt, im Terminal selbst ist eine Pkw-Vermietung integriert, oberhalb des Terminals stehen 550 Parkplätze bereit, 400 öffentliche und 150 an Dauerparker vermietete. Diese Verknüpfung und die zentrale Lage entlasten den innerstädtischen Verkehr deutlich. Vervollständigt wird der Service vor Ort unter anderem durch Bistro-An-

Die beiden Geschäftsführer der S&G Development GmbH: Dr. Ingo Seidemann (li.) und Sven Grundmann
Abb.: W&R IMMOCOM/Tom Dachs

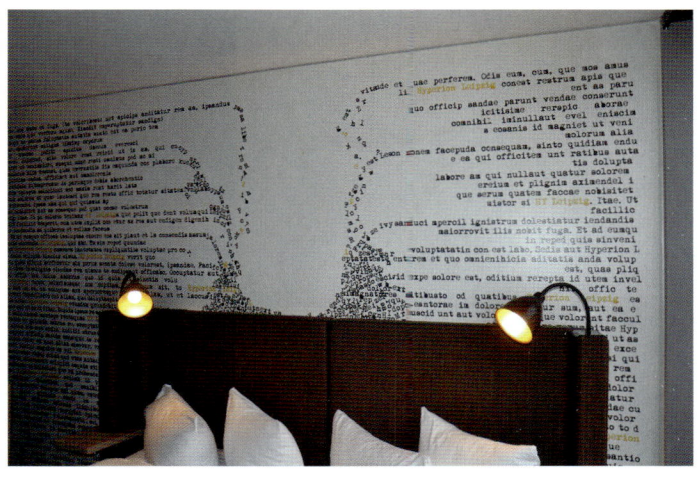

Im Hyperion sind die Zimmerwände als Hommage an die Literaturstadt Leipzig mit Referenzen berühmter Schriftsteller verziert   Abb.: W&R IMMOCOM/Pierre Pawlik

gebote und Gepäckaufbewahrung. Den Busfahrern steht zudem eine eigene Serviceanlage für Busreinigungsarbeiten und Müllentsorgung zur Verfügung.

ZWEI HÄUSER UNTER EINEM DACH

Der Hotelkomplex, bestehend aus einem 4-Sterne-Businesshotel der Marke Hyperion (Midclass) und einem stylischen Budgethotel der Marke H2 (Zwei Sterne), befindet sich direkt am Hbf-Ostvorplatz. Seit der Eröffnung im März 2020 bildet das Duo den größten innerstädtischen Hotelkomplex in Leipzig und auch Ostdeutschlands. Die beiden Häuser steigern das Übernachtungsangebot in der 600.000-Einwohner-Stadt um insgesamt 530 Zimmer mit rund 1.100 Betten. Davon entfallen 193 Zimmer auf das Hyperion, darunter zwei Suiten mit rund 35 m² sowie sechs Juniorsuiten. 337 Zimmer sind im H2 Hotel untergebracht. Diese sind nicht nur als Doppel-, sondern auch als 4-Bett-Zimmer mit je zwei Doppelstockbetten konzipiert.

Das höhere Hyperion orientiert sich zum Stadtring und bietet dem gehobenen Hotelsegment eine prominente Adresse samt PKW-Vorfahrt. Beide Gebäudeteile öffnen sich zum intensiv begrünten Innenhof. Dieser erhöht zusammen mit der extensiven Begrünung der Dachflächen den Grünanteil im hochversiegelten Innenstadtbereich.

Was die kompakten Kuben von anderen Beherbergungsobjekten unterscheidet, sind das Doublebrand-Konzept und die damit einhergehende verschmelzende Bauweise. Dadurch wird zum Beispiel der sogenannte Back-of-the-house-Bereich, wie Personalräume und Büros, nur einmal benötigt. Der Betreiber, die familiengeführte H-Hotel AG, kommt so mit einer kleineren Fläche aus, was wirtschaftlicher ist. Weitere Vorteile der verbindenden Bauweise: Gästeströme lassen sich besser leiten, die Mitarbeiter können flexibler in beiden Häusern eingesetzt werden, das Marketing ist in verschiedene Richtungen möglich. Bedienen will der Hotelkomplex vor allem die stetig steigende Nachfrage im Kongressbereich. Im Hyperion bieten vier Konferenzräume mit jeweils einer Größe von 100 m², zusammenschaltbar auf 400 m², Platz für individuellen Ideen und Umsetzungen. Dazu kommen vier Besprechungsräume à 40 m² sowie eine Executive Lounge im obersten Geschoß mit attraktivem Blick über die City. Ebenfalls in der sechsten Etage gibt es darüber hinaus einen 250 m² großen Fitness- und Wellnessbereich. Das H2 hält im Erdgeschoss ebenfalls zwei Besprechungsräume bereit, jeweils 50 m² groß.

HARMONISCHER LÜCKENSCHLUSS MIT FLANIER-PLAZA

Das neue Quartier aus Hotels und Fernbus-Terminal ist der dritte Baustein – neben Telekom-Neubau und Geschäftssitz der Leipziger Wohnungsbaugesellschaft –, der für die Renaissance am Eingang der sich dynamisch entwickelnden Leipziger City steht. Laut Entwickler S&G verbindet es das Zentrum mit dem städtischen Osten besser als bisher und fügt sich zudem zeitlos elegant in den urbanen historischen Kontext am Standort ein.

Der Komplex ist eingerahmt von den Jugendstilfassaden des denk-

Direkt vor dem Fernbus-Terminal befindet sich der Hotelkomplex, bestehend aus einem 4-Sterne-Businesshotel der Marke Hyperion (Midclass) und einem stylischen Budgethotel der Marke H2 (Zwei Sterne)   Abb.: W&R IMMOCOM/Tom Dachs

Auch 4-Bett-Zimmer gibt es im H2 Hotel   Abb.: W&R IMMOCOM/Pierre Pawlik

malgeschützten Hauptbahnhofs und eines weiteren großen Hotels. Das Büro Gerber Architekten GmbH fand hier eine angemessene Lösung mit transparenten Fassaden, Stützen und schlanken vertikalen Lisenen, die den Farbton der benachbarten Sandsteinfassaden aufnehmen. Zwischen Fernbus-Terminal und Hotelduo befindet sich eine Flanier-Plaza, die beide Quartiersbereiche optisch und synergetisch-funktionell miteinander in Beziehung setzt, und des Weiteren mit Steinbänken, Baumreihen und dichten Rasenstreifen zum Verweilen einlädt.

Für das Gesamtprojekt nahm die S&G Development GmbH 87 Mio. Euro in die Hand. Das ist der bislang größte Betrag für das 2014 gegründete Unternehmen. Auf das Fernbus-Terminal entfielen 15 Mio. Euro, weitere 72 Mio. Euro veranschlagte der Hotelkomplex. Das finanzielle Ausmaß dürfte ein Grund dafür gewesen sein, dass S&G sein neues Leipziger Firmenbüro im oberen Bereich des Hotelduos bezogen hat. Mit dem Umzug in die rund 250 m² großen Räumlichkeiten im Frühjahr 2020 setzt die Firma auf Projektnähe und lokale Verankerung. Auch soll der neue Standort die Voraussetzungen für weiteres Wachstum in den ostdeutschen Metropolen schaffen.

Ein Doppelzimmer im H2 Hotel   Abb.: W&R IMMOCOM/Pierre Pawlik

Bauherr:
S&G Development GmbH, Niederlassung Leipzig

Partner am Bau:
• BAUPLAN GmbH & Co. KG
• ZBP ZIMMERMANN UND BECKER GmbH
• Vermessungsbüro Keller
• malerwerkstätten.com
• Dresdner Bohrgesellschaft mbH
• Söhnel Elektroanlagen GmbH

Zu Gast in Leipzig

Die S&G Development Leipzig ließ 2015-2020 Leipzigs größten Hotelkomplex am Hauptbahnhof errichten. Unsere Planung und Bauüberwachung erfolgte für die Gewerke Heizung, Sanitärtechnik, Lüftungs-Kältetechnik, Stark- und Schwachstrom, Förderanlagen sowie Sprinkleranlagen.

Es wurde eine gemeinsame Heizzentrale mit Warmwasserbereitung und Fernwärmestation sowie eine gemeinsame Kältezentrale mit einer Kältemaschine (ca. 1,2 MW) für beide Hotels geplant. Die Rückkühler stehen auf dem Dach. Für jedes Hotel wurden 3 große Lüftungsgeräte auf dem Dach vorgesehen.

H2:
- 1 Untergeschoss mit Technik- und Personalräumen
- Erdgeschoss mit Lobby, Frühstücksrestaurant und Küche sowie allgemeinen Büro- und Besprechungsräumen und Bistrobereich
- 1. OG bis 6. OG Hotelzimmer
- Bürobereich im 6. OG

Hyperion:
- 1 Untergeschoss mit öffentlichem WC-Bereich, Technik- und Personalräumen
- Erdgeschoss mit Lobby, Restaurant und Küche
- 1. Obergeschoss großer Konferenzbereich
- 2. OG bis 5. OG Hotelzimmer
- 5. Obergeschoss mit Wellnessbereich und Executive Lounge

Für jedes Hotel gibt es 3 große Lüftungsgeräte, mit Standort auf dem Dach.

ZEITRAUM PLANUNG:	12/2015 – 11/2016
ZEITRAUM BAUÜBERWACHUNG:	09/2017 – 05/2020
FERTIGSTELLUNG:	03/2020
LEISTUNGSPHASEN:	2 – 4, 6 – 7, 8
BAUKOSTEN GESAMT:	43,9 Mio €
BAUKOSTEN TGA:	13,9 Mio €

ZBP GmbH
Martin-Luther-Ring 12, 04109 Leipzig
Tel. 0341/21 20 1-0, Fax 0341/21 20 1-29
zbp.leipzig@t-online.de, www.zbpleipzig.de

ZIMMERMANNUND**BECKER**
Ingenieurgesellschaft für Technische Gebäudeausrüstung

Dach-Rückkühler

Dach-Lüftungszentrale

Kältezentrale-Kältemaschine ca. 1,2 MW

Heizungszentrale-Verteiler

Platz zum Leben in einzigartiger Umgebung

Mühlenwerke Stahmeln: neuer Glanz für ein Industriedenkmal im Grünen / Heeresbäckerei: das größte Wohnprojekt im Leipziger Norden / Parkstadt Leipzig: charmante Symbiose aus Historie und Moderne

Instone Real Estate ist einer der führenden Wohnentwickler Deutschlands und im SDAX notiert. Das Unternehmen entwickelt attraktive Wohn- und Mehrfamilienhäuser sowie öffentlich geförderten Wohnungsbau, konzipiert moderne Stadtquartiere und saniert denkmalgeschützte Objekte. In 29 Jahren konnten so über eine Million Quadratmeter realisiert werden.

Von der Leipziger Niederlassung aus werden Projekte in Sachsen und Sachsen-Anhalt geleitet, die Kernkompetenz liegt dabei in der Sanierung denkmalgeschützter Gebäude sowie der Revitalisierung und Umnutzung von Spezialimmobilien.

MÜHLENWERKE STAHMELN

Bereits im Jahr 1486 beginnt die Geschichte des imposanten, denkmalgeschützten Gebäudeensembles im Nordwesten Leipzigs. Nach zwei Bränden in den Jahren 1647 und 1875 wurde die Mühle neu aufgebaut, bis das Areal dann 1912 aufgrund von technischen Optimierungen sein heutiges Antlitz erhielt. Die zugehörige mit Wasserkraft betriebene Mühle war noch bis 2012 im Betrieb. Seit 2018 bieten nun insgesamt 67 Eigentumswohnungen, in der Remise sowie im Insel- und Hauptgebäude, großzügigen Platz zum Leben in einem einzigartigen Industriedenkmal.

Die Wohnungsgrößen des Objektes spiegeln die heutigen Bedürfnisse nach modernen und lichtdurchfluteten Raumkonzepten wider. Alle Wohnungen verfügen über Außenflächen: Diese reichen von ausgedehnten Terrassen im Erdgeschoss bis zu Balkonen und Loggien über dem Wasser mit einem herrlichen Blick ins Grüne. Der eigene Charme der Mühle wird dank aufwendiger Sanierung betont. Historische Elemente wie Fenster und Treppen wurden detailgetreu aufgearbeitet,

Mühlenwerke Stahmeln: moderne und lichtdurchflutete Raumkonzepte in historischem Industriedenkmal   Abb.: Instone Real Estate

Fassaden gemäß Denkmalschutz-Vorgaben originalgetreu rekonstruiert. Außerdem erfolgte ein Anstrich nach historischem Vorbild. Eingebettet ist das Ensemble in grüne, weitläufige Außenanlagen, die Platz für Spiel, Sport und Freizeit bieten und sogar einen eigenen Bootssteg mit Zugang zum Leipziger Gewässernetz beherbergen.

HEERESBÄCKEREI

Mit der Heeresbäckerei hat Instone im März 2020 das bis dato größte Wohnprojekt im Leipziger Norden fertiggestellt. Das denkmalge-

Heeresbäckerei: 347 Eigentumswohnungen, eingebettet in eine parkähnliche Außenanlage   Abb.: Instone Real Estate

Parkstadt Leipzig: Im Leipziger Süden entsteht ein Wohnquartier, welches in besonderer Weise Historie und Moderne verknüpft   Abb.: Instone Real Estate

schützte Ensemble im Stadtteil Gohlis umfasst eine Grundstücksgröße von 36.500 m² und war um 1890 als Kasernenbau errichtet worden. Entstanden sind 347 Eigentumswohnungen, davon 245 Wohnungen im sanierten Altbau und 102 Neubauwohnungen, eingebettet in eine parkähnliche Außenanlage.

Durch die Projektentwicklung wurde das beeindruckende Areal rund um die über hundert Jahre alten Bäckereigebäude in seiner Gesamtheit wiederhergestellt. Dank denkmalgerechter Sanierung erstrahlt die markante, rote Klinkerfassade der Industriearchitektur in neuem Glanz. Die passenden, großflächigen Holzfenster ergänzen das außergewöhnliche Ambiente. Einen reizvollen Gegensatz hierzu bilden die sandsteinfarbenen Fassaden der Neubauten. Highlight des Projekts sind jedoch die Außenflächen: Großzügig begrünte Innenhöfe dienen als Rückzugsorte für die Bewohner und bieten Ruhezonen, wie auch einen Erlebnisspielplatz.

PARKSTADT LEIPZIG

Im Leipziger Süden, unweit des Neuseenlandes, entsteht das Wohnquartier „Parkstadt Leipzig", welches in besonderer Weise Historie und Moderne verknüpft. Das rund 14,5 ha große, parkähnliche Areal beherbergt das ehemalige Parkkrankenhaus, ein historisch bedeutsames Gebäudeensemble im gründerzeitlichen Pavillonstil. In den kommenden Jahren soll hier attraktiver Wohnraum entwickelt werden. So ent-

stehen in den mehr als 20 eindrucksvollen Bestandsgebäuden rund 350 Wohneinheiten; ergänzt wird das Quartier durch 18 Neubauten mit etwa 250 Wohneinheiten nach modernsten Standards.

Durch denkmalgerechte Sanierung bleibt die Klinkerfassade mit Ornamentik und hohen Sprossenfenstern erhalten, um so den besonderen Charme des Baudenkmals zu wahren. Bei der Errichtung der Neubauten wird die Pavillonbauweise wieder aufgegriffen. Somit ergänzen die neuen Wohngebäude das denkmalgeschützte Ensemble, indem Bekanntes aufgenommen und behutsam weitergebaut wird. Das weitläufige Gelände der Parkstadt Leipzig bietet ausgedehnte Flächen zum Spazieren oder Spielen und ist zudem als verkehrsberuhigtes Areal besonders familienfreundlich. Instone schafft mit einem Nahversorger und einer Kindertagesstätte außerdem die passende Infrastruktur für das neue Wohnquartier.

Bauherr:
Instone Real Estate, Niederlassung Leipzig

Partner am Bau:
- Staupendahl & Partner Bauplanungsgesellschaft mbH
- malerwerkstätten.com
- Schindler Aufzüge und Fahrtreppen GmbH
- Bautrocknung matter Leipzig GmbH

—————————————————————————————— Anzeige ——————

Südcarré in Leipzig-Connewitz

Neubau einer Wohnanlage mit 40 Eigentumswohnungen

Im Stadtteil Connewitz entsteht in der Wolfgang-Heinze-Straße auf einem Eckgrundstück ein neues Wohnensemble. Das Südcarré wurde bewusst so konzipiert, dass es architektonisch mit den Häusern der Nachbarschaft harmoniert und zugleich eine eigene Note in diese gefragte Wohngegend einbringt. Die drei miteinander verbundenen Mehrfamilienhäuser bieten Raum für 40 Eigentumswohnungen mit Wohnflächen von ca. 53 m² bis ca. 146 m². Das Ensemble verfügt über die sprichwörtlichen Ecken und Kanten, die zeitgemäße Architektur erst wirklich interessant machen. Giebelformen, Erker, Dachschrägen, die von den höheren Geschossen abgehobene Sockelfassade oder die Anordnung der Fenster sorgen für eine gewisse Unregelmäßigkeit, die sich visuell mitteilt und der Eckbebauung Plastizität verschafft.

Das Südcarré – ein siebengeschossiges Eckgebäude an der Wolfgang-Heinze-Straße/Ecke Basedowstraße – ist ein Neubauensemble mit 40 Eigentumswohnungen im nachgefragten Stadtteil Connewitz Abbildungen: Wassermühle Projektgesellschaft mbH

Die Lage überzeugt durch eine hervorragende Infrastruktur mit kurzen Wegen in die angrenzende Südvorstadt mit ihrer lebendigen Bar-, Café- und Kneipen-Meile sowie zur Innenstadt der aufstrebenden Sachsen-Metropole. Connewitz gilt zudem als Tor zum Leipziger Neuseenland, das mit seinen zahlreichen Badeseen und naturverbundener Erholung lockt und ein Gegenstück zum urbanen Lifestyle bildet.

Mit den sorgfältig konzipierten 25 Grundriss-Typen wird ein breites Angebot für verschiedenste Lebens- bzw. Wohnmodelle geschaffen. Paare, junge und gestandene Familien, aber auch Singles können im Südcarré den Wohnraum für ihren individuellen Lebensstil finden. Zum Verkauf stehen verschiedenste Wohnungstypen, die von der 1,5-Zimmer-Single-Wohnung bis hin zur exklusiven 5-Zimmer-Maisonette-Wohnung reichen. Sie haben alle eine hochwertige Ausstattung. Balkone, Dachterrassen und kleine Gartenanteile im Erdgeschoss sorgen für Aufenthaltsflächen im Freien. Fußbodenheizung, Echtholz-Parkett und Sanitärausstattung von Markenherstellern sind einige Merkmale der Eigentumswohnungen.

Die Fertigstellung ist für das 2. Quartal 2022 geplant.

Bauherr:
Wassermühle Projektgesellschaft mbH, Leipzig
Planender Architekt:
Stefan Förster Architekten, Hamburg

Partner am Bau:
• Söhnel Elektroanlagen GmbH

Anzeige

Harmelinquartier in Leipzig

Neubau und Sanierung eines historischen Kontor-hauses zu einem modernen Hotelkomplex

Das Harmelin-Haus ist ein Geschäftshaus in der Leipziger Innenstadt. Das unter Denkmalschutz stehende Eckhaus der ehemaligen Pelz-händlerfamilie Harmelin in der Nikolaistraße/Richard-Wagner-Straße flankiert mit dem gegenüberliegenden Hauptbahnhof einen der nörd-lichen Zugänge zur Innenstadt. Errichtet wurde der rustikal gequaderte Natursteinbau nach Plänen des Leipziger Architekten Emil Franz Hän-sel um 1914. Im Zweiten Weltkrieg erlitt das Gelände schwere Schä-den – das Harmelin-Haus verlor das Dach und die rückwärtigen Ge-bäude am Brühl und die Lagerhäuser wurden zerstört. Das Haupthaus erhielt nach dem Verlust seines ehemals gaubengeschmückten Walm-daches ein Flachdach und die gläserne Westfassade.

2018 verkauften die harmelinschen Erben das Harmelin-Haus samt der angrenzenden, als Parkplatz genutzten Freifläche an die Rokeach & Süsskind Immobiliengesellschaft GmbH. Auf der Freifläche wird nun ein Design-Hotel im 3-Sterne-Segment errichtet. Im Zuge eines um-fassenden Relounge des Altbaus zum Hotel wird auch dessen ur-sprüngliches Walmdach rekonstruiert.

Bis Februar 2020 gruben archäologische Wissenschaftler und Helfer auf der knapp 6.000 m² großen Baustelle nach mittelalterlichen Spu-ren. Dabei legten sie unter anderem den mit Feldsteinen ausgelegten Keller der ehemaligen Pelzfirma frei.

Läden und Gastronomie im Erdgeschoss werden für eine Belebung des Straßenlebens im Umfeld des Leipziger Hauptbahnhofs sorgen. Als ein gesamter Hochhauskomplex stellt die teilweise Überbauung des Citytunnels der Deutschen Bahn und die Herstellung der zweige-schossigen Tiefgarage im Grundwasser eine große Herausforderung dar.

Als Fertigstellungstermine werden zurzeit die Jahre 2022 (Altbau) und 2024 (Neubau) anvisiert.

> **Bauherr:**
> S & R 2. Immobiliengesellschaft GmbH & Co. KG, Berlin
> c/o Terra Contor, Berlin
> **Planender Architekt:**
> Fuchshuber Architekten GmbH, Leipzig

Partner am Bau:
- RePrroBau GmbH
- Schindler Aufzüge und Fahrtreppen GmbH

Nach mehr als sieben Jahrzehnten wird die Baulücke am Brühl mit einem Hotel-neubau geschlossen. Das historische Harmelin-Haus erhält seine ehemalige Dachlandschaft zurück, und durch behutsame Sanierung werden die Kontoreta-gen für eine Hotelnutzung revitalisiert   Abb.: Fuchshuber Architekten GmbH, Leipzig

R & S Hotelbetriebsgesellschaft mbH

EXTRA PEACE OF MIND

Adding the EXTRA to the ORDINARY

Wir managen die Aufzüge, damit Sie Ihren Tag optimal nutzen können. Und mit unserer neuen, modularen Aufzugsreihe bekommen Sie nicht nur mehr – Sie kommen voran. Die vernetzten Lösungen von Schindler Ahead geben Ihnen jederzeit und überall einen extra Einblick in Ihre Aufzüge: am PC, auf dem Tablet oder Smartphone. So sind Sie immer einsatzbereit – und wir können Probleme lösen, bevor sie auftreten. Wie wir Sie dabei unterstützen, Ausfallzeiten vorzubeugen, finden Sie unter schindler.com/de-extraconnectivity

We Elevate

Schindler

Dauerhaft grüne, lebendige Fassaden

Modulares Fassadenbegrünungssystem, das sich jeder baulichen Gegebenheit flexibel anpasst / Pflanzplan wird am Computer entworfen

„Biomura" ist bereits seit vielen Jahren in anderen europäischen Ländern erfolgreich im Einsatz und hat sich unter sehr unterschiedlichen klimatischen Bedingungen bewährt
Abb.: Helix/Von Sternberg Photography

Begrünte Häuserfassaden im urbanen Raum punkten mit zahlreichen positiven Effekten: Die Pflanzen binden Feinstaub, produzieren Sauerstoff und sorgen durch Beschattung und Verdunstung von Wasser für ein angenehmes Klima in der direkten Umgebung. Fassadenbegrünungen dämmen außerdem thermisch und können so dazu beitragen, Kosten für Heizung und Klimaanlage zu senken. Spätestens seit der französische Gartenarchitekt und Künstler Patrick Blanc um die Jahrtausendwende mit seinen vertikalen Gärten international bekannt wurde, ist unbestritten, dass natürliches Grün als Gestaltungselement ein Gebäude optisch enorm aufwerten und ihm eine ganz besondere Ausstrahlung verleihen kann.

NEUES AUSSEHEN IN KÜRZESTER ZEIT

Mit „Helix Biomura" bietet die Helix Pflanzensysteme GmbH aus Baden-Württemberg jetzt auch in Deutschland ein modulares Fassadenbegrünungssystem, das sich jeder baulichen Gegebenheit flexibel anpasst. Dabei werden vorkultivierte, bereits dicht mit Pflanzen bewachsene Kassetten an die Wände montiert und geben einem Gebäude so in kürzester Zeit ein völlig neues Aussehen.
Das System ist bereits seit fast 15 Jahren in anderen europäischen Ländern erfolgreich im Einsatz und hat sich von Norwegen bis Spanien unter sehr unterschiedlichen klimatischen Bedingungen bewährt.

„Helix Biomura": Vorkultivierte, bereits dicht mit Pflanzen bewachsene Kassetten geben einem Gebäude in kürzester Zeit ein völlig neues Aussehen
Abb.: Helix/Von Sternberg Photography

Buntlaubige Bodendecker, duftende Kräuter oder blühende Stauden – es gibt eine ganze Reihe von Pflanzenarten, die sich für eine derartige Wandbegrünung eignen. Wie die Fassade letztendlich aussehen soll, wird im Vorfeld zusammen mit dem Bauherrn geplant. „Mit einem speziellen Computerprogramm können wir ein individuelles Pflanzmuster für die Gesamtfläche des jeweiligen Projekts erstellen", erläutert der Architekt Jonathan Müller von Helix Pflanzensysteme. Die Pflanzkassetten werden aus recyceltem Kunststoff hergestellt und haben standardmäßig eine Breite von 60 cm und eine Höhe von 45 cm. Jede verfügt über 16 Pflanzlöcher, die in der Gärtnerei auf der Grundlage des entwickelten Fassadenentwurfs entsprechend bestückt werden.

VORGEHÄNGTE FASSADE

„Von Mauerwerk bis Beton – solange die Tragfähigkeit es zulässt, kann ‚Helix Biomura' überall eingesetzt werden. Als Gewicht sollte man ungefähr mit 65 kg pro Quadratmeter rechnen", erklärt Müller. „Das System ist vergleichbar mit einer vorgehängten, belüfteten Fassade. Für die Unterkonstruktion werden zunächst Trägerschienen aus verzinktem Stahl vertikal an die Wand angebracht. Es folgen eine etwa 1,2 cm dicke, wasserdichte Platte und ein spezielles Drainagevlies. Darüber werden dann die Bewässerungsschläuche verlegt und die Aluminiumhalterungen für die begrünten Kassetten befestigt."
Die Bewässerung kann entweder mit Frischwasser oder auch durch Regenwasser erfolgen, das vom Dach in einen Tank geleitet und dort gesammelt wird. Helix Pflanzensysteme übernimmt bundesweit die Planung, Installation und auch Pflege solcher begrünten Wände.
Weitere Informationen: Helix Pflanzen GmbH, 70806 Kornwestheim.

Architekten

ASSMANN BERATEN +   34
PLANEN GmbH
Reichenbachstraße 55
01069 Dresden
Tel. 0351/4666300

Fußboden-Design   36
Wagenknecht GmbH
Paul-Wäge-Straße 13b
04435 Schkeuditz / OT Dölzig
Tel. 034205/99000

BSC Bauplanung Sachsen   49
Consult GmbH
Am Brauhaus 5
01099 Dresden
Tel. 0351/501700

pbr Planungsbüro   70
Rohling AG
Architekten Ingenieure
Friedrich-Ebert-Straße 62
39114 Magdeburg
Tel. 0391/818050

Ruhsam + Ullrich   74
Architekten Ingenieure
GmbH
Brauhofstraße 27
01744 Dippoldiswalde
Tel. 03504/64880

Dr. Scholz Gesamtplan   75
GmbH
Kipsdorfer Straße 110
01277 Dresden
Tel. 0351/4188870

BAUPLAN GmbH & Co. KG   96
Architekten und Ingenieure
Stephanstraße 4
04103 Leipzig
Tel. 0341/216420

Ingenieurbüros

ASSMANN BERATEN +   34
PLANEN GmbH
Reichenbachstraße 55
01069 Dresden
Tel. 0351/4666300

IBD Ingenieurbüro für   38
Energie- und Haustechnik
Andreas Duba GmbH
Hauptstraße 2
07646 Tröbnitz
Tel. 036428/12320

Werner Genest und   38
Partner Ingenieurgesellschaft
mbH
Altplauen 19h
01187 Dresden
Tel. 0351/47005380

IFTD Ingenieurbüro für   39
Fenster- und Fassadentechnik
Dresden GmbH
Zwickauer Straße 39
01187 Dresden
Tel. 0351/4712356

KREBS+KIEFER   46
Ingenieure GmbH
Altmarkt 10a
01067 Dresden
Tel. 0351/2509680

Jäger Ingenieure GmbH   47
Büro für Tragwerksplanung
Wichernstraße 12
01445 Radebeul
Tel. 0351/832960

BSC Bauplanung Sachsen   49
Consult GmbH
Am Brauhaus 5
01099 Dresden
Tel. 0351/501700

GBI Gesellschaft   55
Beratender Ingenieure mbH
Konrad-Zuse-Straße 2
99099 Erfurt
Tel. 0361/442410

Stolze & Partner GmbH   55
Ingenieur-Planungs-Gesellschaft
Gutshofstraße 6
04178 Leipzig
Tel. 0341/4466321

cdf Schallschutz   62
Dipl.-Ing. Dieter Friedemann
Alte Dresdner Straße 54
01108 Dresden
Tel. 0351/8809057

GEOKART   62
Ingenieurvermessungs-
gesellschaft mbH
Werdauer Straße 1-3
01069 Dresden
Tel. 0351/2111940

pbr Planungsbüro   70
Rohling AG
Architekten Ingenieure
Friedrich-Ebert-Straße 62
39114 Magdeburg
Tel. 0391/818050

Ruhsam + Ullrich   74
Architekten Ingenieure
GmbH
Brauhofstraße 27
01744 Dippoldiswalde
Tel. 03504/64880

BULL Ingenieurplan   79
Dipl.-Ing. Frank Ziegler
Lindenthaler Hauptstraße 145
04158 Leipzig
Tel. 0341/31957870

DELTA-Planungs-   79
gesellschaft mbH
Lauesche Straße 137
04509 Delitzsch
Tel. 034202/3910

Mayer-Vorfelder und   83
Dinkelacker Ingenieur-
gesellschaft für Bauwesen
GmbH & Co. KG
An der Pikardie 6
01277 Dresden
Tel. 0351/255120

Statik- und Brandschutz-   85
büro Borchert und Bucher
Ingenieurpartnerschaft mbB
Am Kirchberg 4b
01157 Dresden
Tel. 0351/4216715

Ingenieurbüro   88
Dr. Scheffler & Partner GmbH
Fiedlerstraße 4
01307 Dresden
Tel. 0351/254690

BAUPLAN GmbH & Co. KG   96
Architekten und Ingenieure
Stephanstraße 4
04103 Leipzig
Tel. 0341/216420

ZBP ZIMMERMANN   97
UND BECKER GmbH
Martin-Luther-Ring 12
04109 Leipzig
Tel. 0341/212010

Staupendahl & Partner   99
Bauplanungsgesellschaft
mbH
Schmiedestraße 14
04229 Leipzig
Tel. 0341/484250

ALLProjekt Wohn- und   104
Gewerbebau GmbH Dresden
Karlsruher Straße 122a
01189 Dresden
Tel. 0351/4015465

IB Fankhänel & Müller   104
Markt 8 / Barthels Hof
04109 Leipzig
Tel. 0341/963760

Vermessungsbüro Keller   104
Dipl.-Ing. Hans-Peter Keller
Walter-Köhn-Straße 1d
04356 Leipzig
Tel. 0341/5255790

Ingenieurbüro für Bau- und Raumakustik

cdf Schallschutz   62
Dipl.-Ing. Dieter Friedemann
Alte Dresdner Straße 54
01108 Dresden
Tel. 0351/8809057

Ingenieurbüro für Bauphysik

Werner Genest und   38
Partner Ingenieurgesellschaft
mbH
Altplauen 19h
01187 Dresden
Tel. 0351/47005380

Ingenieurbüro für Baustoffprüfung

Staupendahl & Partner 99
Bauplanungsgesellschaft mbH
Schmiedestraße 14
04229 Leipzig
Tel. 0341/484250

Ingenieurbüro für Brandschutz

KREBS+KIEFER 46
Ingenieure GmbH
Altmarkt 10a
01067 Dresden
Tel. 0351/2509680

Statik- und 85
Brandschutzbüro Borchert und Bucher Ingenieurpartnerschaft mbB
Am Kirchberg 4b
01157 Dresden
Tel. 0351/4216715

Ingenieurbüro für Brandschutzplanung

Stolze & Partner GmbH 55
Ingenieur-Planungs-Gesellschaft
Gutshofstraße 6
04178 Leipzig
Tel. 0341/4466321

Ingenieurbüro für Energie- und Haustechnik

IBD Ingenieurbüro für 38
Energie- und Haustechnik Andreas Duba GmbH
Hauptstraße 2
07646 Tröbnitz
Tel. 036428/12320

Ingenieurbüro für Energieberatung

Ingenieurbüro 88
Dr. Scheffler & Partner GmbH
Fiedlerstraße 4
01307 Dresden
Tel. 0351/254690

Ingenieurbüro für Landschafts- und Freianlagenplanung

DELTA-Planungs- 79
gesellschaft mbH
Lauesche Straße 137
04509 Delitzsch
Tel. 034202/3910

Ingenieurbüro für Schallschutz

cdf Schallschutz 62
Dipl.-Ing. Dieter Friedemann
Alte Dresdner Straße 54
01108 Dresden
Tel. 0351/8809057

Ingenieurbüro für Straßen- und Tiefbauplanung

DELTA-Planungs- 79
gesellschaft mbH
Lauesche Straße 137
04509 Delitzsch
Tel. 034202/3910

Ingenieurbüro für Technische Gebäudeausrüstung

BULL Ingenieurplan 79
Dipl.-Ing. Frank Ziegler
Lindenthaler Hauptstraße 145
04158 Leipzig
Tel. 0341/31957870

Ingenieurbüro 88
Dr. Scheffler & Partner GmbH
Fiedlerstraße 4
01307 Dresden
Tel. 0351/254690

ZBP ZIMMERMANN 97
UND BECKER GmbH
Martin-Luther-Ring 12
04109 Leipzig
Tel. 0341/212010

Ingenieurbüro für Tragwerksplanung

Jäger Ingenieure GmbH 47
Büro für Tragwerksplanung
Wichernstraße 12
01445 Radebeul
Tel. 0351/832960

BSC Bauplanung Sachsen 49
Consult GmbH
Am Brauhaus 5
01099 Dresden
Tel. 0351/501700

Mayer-Vorfelder und 83
Dinkelacker Ingenieurgesellschaft für Bauwesen GmbH & Co. KG
An der Pikardie 6
01277 Dresden
Tel. 0351/255120

Statik- und Brandschutz- 85
büro Borchert und Bucher Ingenieurpartnerschaft mbB
Am Kirchberg 4b
01157 Dresden
Tel. 0351/4216715

Staupendahl & Partner 99
Bauplanungsgesellschaft mbH
Schmiedestraße 14
04229 Leipzig
Tel. 0341/484250

IB Fankhänel & Müller 104
Markt 8 / Barthels Hof
04109 Leipzig
Tel. 0341/963760

Ingenieurbüro für Tragwerksplanung und Bauphysik

KREBS+KIEFER 46
Ingenieure GmbH
Altmarkt 10a
01067 Dresden
Tel. 0351/2509680

Ingenieurbüro für Vermessung

GEOKART 62
Ingenieurvermessungsgesellschaft mbH
Werdauer Straße 1-3
01069 Dresden
Tel. 0351/2111940

ALLProjekt Wohn- und 104
Gewerbebau GmbH Dresden
Karlsruher Straße 122a
01189 Dresden
Tel. 0351/4015465

Vermessungsbüro Keller 104
Dipl.-Ing. Hans-Peter Keller
Walter-Köhn-Straße 1d
04356 Leipzig
Tel. 0341/5255790

Ingenieurvermessung

DELTA-Planungs- 79
gesellschaft mbH
Lauesche Straße 137
04509 Delitzsch
Tel. 034202/3910

Planungsbüro für Technische Tunnel- und Gebäudeausrüstung

GBI Gesellschaft 55
Beratender Ingenieure mbH
Konrad-Zuse-Straße 2
99099 Erfurt
Tel. 0361/442410

Unternehmen

A

Abbruch

KAFRIL Bau GmbH 71
Röcknitzer Straße 1
04808 Großzschepa
Tel. 034263/7840

Klixer Recycling und 88
Service GmbH
Burker Straße 28 a
02625 Bautzen
Tel. 03591/274720

Abdichtungen

fischer Bauabdichtung 63
GmbH
Bahnhof Frauendorf 3
04654 Frohburg
Tel. 034348/8070

Aluminium-Brand- und Rauchschutz- türen

ALOS Elementebau GmbH 40
Dippoldiswalder Straße 7
01774 Klingenberg /
OT Höckendorf
Tel. 035055/6850

Anlagenbau

Schindler Aufzüge 27+102
und Fahrtreppen GmbH
Region OST
Torgauer Straße 231
04347 Leipzig
Tel. 0341/271490

Architekten (s. Verzeichnisbeginn)

Aufzüge

Schindler Aufzüge 27+102
und Fahrtreppen GmbH
Region OST
Torgauer Straße 231
04347 Leipzig
Tel. 0341/271490

B

Bauabdichtungen

fischer Bauabdichtung 63
GmbH
Bahnhof Frauendorf 3
04654 Frohburg
Tel. 034348/8070

Baubeheizung

Bautrocknung matter 79
Leipzig GmbH
An der Babe 3
04509 Wiedemar
Tel. 034207/6950

Baugruben- Sicherungssysteme

GBB Grundbau Bautzen 54
GmbH
Boblitzer Straße 21
02625 Bautzen
Tel. 03591/378220

Bauleitung

Basler & Hofmann 78
Deutschland GmbH
Planen und Beraten
Löbtauer Straße 44
01159 Dresden
Tel. 0351/4383090

Bautrocknung

Bautrocknung matter 79
Leipzig GmbH
An der Babe 3
04509 Wiedemar
Tel. 034207/6950

Bauunternehmen

AP Bau- und 39
Projektmanagement GmbH
Lutherstraße 13
01877 Bischofswerda
Tel. 03594/7796003

Köster GmbH 48
Leipziger Straße 48
09113 Chemnitz
Tel. 0371/3340690

Klixer Recycling und 88
Service GmbH
Burker Straße 28 a
02625 Bautzen
Tel. 03591/274720

OBAG Hochbau GmbH 89
Paulistraße 1
02625 Bautzen
Tel. 03591/4830

ReProBau GmbH 101
Am Handwerkerzentrum 5
04451 Borsdorf
Tel. 034291/41910

Betonbohren und -sägen

Rosenberger GmbH 79
Calbitzer Straße 6
04779 Wermsdorf
Tel. 034364/52378

Betonelemente

Betonwerk Spittwitz 38
GmbH
Rosenweg Nr. 5
02633 Göda
Tel. 035930/55630

Bodenbeläge

Fußboden-Design 36
Wagenknecht GmbH
Paul-Wäge-Straße 13b
04435 Schkeuditz / OT Dölzig
Tel. 034205/99000

Peter Lippert Maler GmbH 63
Dippoldiswalder Straße 42
01796 Pirna
Tel. 03501/523041

Brandschutz

Thiele Brandschutz GmbH 39
Sachverständige - Ingenieure
Turnerweg 8
01097 Dresden
Tel. 0351/8400909

Stolze & Partner GmbH 55
Ingenieur-Planungs-Gesellschaft
Gutshofstraße 6
04178 Leipzig
Tel. 0341/4466321

Brückenbau

Züblin Stahlbau GmbH U2+32
Bahnhofstraße 13
01996 Hosena
Tel. 035756/710

D

Denkmalschutz

malerwerkstätten.com 24
Steffen Pleier
Wachsmuthstraße 3
04229 Leipzig
Tel. 0341/2618018

Jäger Ingenieure GmbH 47
Büro für Tragwerksplanung
Wichernstraße 12
01445 Radebeul
Tel. 0351/832960

E

Elektro

FAE Elektrotechnik 61
GmbH & Co. KG
August-Bebel-Straße 39
01809 Heidenau
Tel. 03529/56720

Elektro Fröde DLG mbH 62
Schustergasse 2
01829 Stadt Wehlen / OT Dorf
Wehlen
Tel. 035024/71494

Söhnel Elektroanlagen 100
GmbH
Dr.-Gemeinhardt-Straße 5a
04741 Roßwein
Tel. 034322/66620

Entsorgung

Klixer Recycling und 88
Service GmbH
Burker Straße 28 a
02625 Bautzen
Tel. 03591/274720

Erdbau

KAFRIL Bau GmbH 71
Röcknitzer Straße 1
04808 Großzschepa
Tel. 034263/7840

Estrich

Estrichbau Bernd Stiegler   35
GmbH & Co. KG
Struppener Straße 95
01259 Dresden
Tel. 0171/5752768

Fussbodentechnik Vogel   63
Patrick Vogel
An den Teichen 4
09224 Chemitz / OT Mittelbach
Tel. 0371/28364035

Fassaden

Züblin Stahlbau GmbH   U2+32
Bahnhofstraße 13
01996 Hosena
Tel. 035756/710

IFTD Ingenieurbüro für   39
Fenster- und Fassadentechnik
Dresden GmbH
Zwickauer Straße 39
01187 Dresden
Tel. 0351/4712356

J. Uhlig Klempnerei und   63
Montage GmbH & Co.KG
Bielatalstraße 44
01773 Altenberg / OT Bärenstein
Tel. 035054/28322

Peter Lippert Maler GmbH   63
Dippoldiswalder Straße 42
01796 Pirna
Tel. 03501/523041

Fliesen

Fliesen Unganz   39
Niedersedlitzer Straße 61
01257 Dresden
Tel. 0351/2006218

Fußboden

Fussbodentechnik Vogel   63
Patrick Vogel
An den Teichen 4
09224 Chemitz / OT Mittelbach
Tel. 0371/28364035

Garten- und Landschaftsbau

KLUGE Klima- und   39+85
Filtertechnik GmbH
Stuttgarter Straße 25
01189 Dresden
Tel. 0351/402050

Gebäudemanagement

KLUGE Klima- und   39+85
Filtertechnik GmbH
Stuttgarter Straße 25
01189 Dresden
Tel. 0351/402050

Gebäudereinigung

KLUGE Klima- und   39+85
Filtertechnik GmbH
Stuttgarter Straße 25
01189 Dresden
Tel. 0351/402050

Generalunternehmen

Köster GmbH   48
Leipziger Straße 48
09113 Chemnitz
Tel. 0371/3340690

Lineo Projekt GmbH   55
Jordanstraße 1
04177 Leipzig
Tel. 0341/4904681

Rommel Bau   74
GmbH & Co. KG
Fritz-Reuter-Straße 32c
01097 Dresden
Tel. 0351/8091300

OBAG Hochbau GmbH   89
Paulistraße 1
02625 Bautzen
Tel. 03591/4830

Glasbau

IFTD Ingenieurbüro für   39
Fenster- und Fassadentechnik
Dresden GmbH
Zwickauer Straße 39
01187 Dresden
Tel. 0351/4712356

Glasreinigung

KLUGE Klima- und   39+85
Filtertechnik GmbH
Stuttgarter Straße 25
01189 Dresden
Tel. 0351/402050

Gleisbau

Gleisbau Bautzen GmbH   88
Baschützer Straße 13
02625 Bautzen
Tel. 03591/218100

Haustechnik

KLUGE Klima- und   39+85
Filtertechnik GmbH
Stuttgarter Straße 25
01189 Dresden
Tel. 0351/402050

WISAG Gebäude- und   39
Industrieservice Mittel-
deutschland GmbH & Co. KG
Peschelstraße 28
01139 Dresden
Tel. 0351/32019100

FAE Elektrotechnik   61
GmbH & Co. KG
August-Bebel-Straße 39
01809 Heidenau
Tel. 03529/56720

IPN Laborprojekt GmbH   84
Kesselsdorfer Straße 127
01169 Dresden
Tel. 0351/414480

Heizung

DZH-Schepitz GmbH   37
Schlüterstraße 37
01277 Dresden
Tel. 0351/336560

KLUGE Klima- und   39+85
Filtertechnik GmbH
Stuttgarter Straße 25
01189 Dresden
Tel. 0351/402050

WAGNER Sanitär-   62
Heizung-Solartechnik GmbH
Sonnenweg 6
04720 Döbeln / OT Choren
Tel. 034325/20318

Hochbau

PORR GmbH & Co. KGaA   53
Hochbau . ZNL Berlin
Valeska-Gert-Straße 1
10243 Berlin
Tel. 030/4218420

Rommel Bau   74
GmbH & Co. KG
Fritz-Reuter-Straße 32c
01097 Dresden
Tel. 0351/8091300

ReProBau GmbH   101
Am Handwerkerzentrum 5
04451 Borsdorf
Tel. 034291/41910

Immobilienmanagement

Schlosseck Dresden   74
GmbH & Co. KG
Julius-Otto-Straße 1
01219 Dresden
Tel. 0351/876030

Industrieböden

fischer Bauabdichtung GmbH   63
Bahnhof Frauendorf 3
04654 Frohburg
Tel. 034348/8070

Ingenieure
(s. Verzeichnisbeginn)

Innenausbau

Lineo Projekt GmbH   55
Jordanstraße 1
04177 Leipzig
Tel. 0341/4904681

CP Maler & Ausbau GmbH   74
Auenstraße 13a
01458 Ottendorf-Okrilla
Tel. 035205/47605

Inneneinrichtungen

IPN Laborprojekt GmbH   84
Kesselsdorfer Straße 127
01169 Dresden
Tel. 0351/414480

Kälte

KLUGE Klima- und Filtertechnik GmbH   39+85
Stuttgarter Straße 25
01189 Dresden
Tel. 0351/402050

Kampfmittelortung / -bergung

Dresdner Bohrgesellschaft mbH   49
Am Kohlenplatz 14
01099 Dresden
Tel. 0351/32076720

Klima

KKLUGE Klima- und Filtertechnik GmbH   39+85
Stuttgarter Straße 25
01189 Dresden
Tel. 0351/402050

WISAG Gebäude- und Industrieservice Mitteldeutschland GmbH & Co. KG   39
Peschelstraße 28
01139 Dresden
Tel. 0351/32019100

Klimatechnik

Wärme- und Klimatechnik GmbH   38
Königsbrücker Straße 96, Gebäude 41
01099 Dresden
Tel. 0351/8119230

Leckortung

Bautrocknung matter Leipzig GmbH   79
An der Babe 3
04509 Wiedemar
Tel. 034207/6950

Lüftung

DZH-Schepitz GmbH   37
Schlüterstraße 37
01277 Dresden
Tel. 0351/336560

KLUGE Klima- und Filtertechnik GmbH   39+85
Stuttgarter Straße 25
01189 Dresden
Tel. 0351/402050

WISAG Gebäude- und Industrieservice Mitteldeutschland GmbH & Co. KG   39
Peschelstraße 28
01139 Dresden
Tel. 0351/32019100

Maler

malerwerkstätten.com   24
Steffen Pleier
Wachsmuthstraße 3
04229 Leipzig
Tel. 0341/2618018

Peter Lippert Maler GmbH   63
Dippoldiswalder Straße 42
01796 Pirna
Tel. 03501/523041

CP Maler & Ausbau GmbH   74
Auenstraße 13a
01458 Ottendorf-Okrilla
Tel. 035205/47605

Mauerwerks- trockenlegung

Rosenberger GmbH   79
Calbitzer Straße 6
04779 Wermsdorf
Tel. 034364/52378

Maurer

AP Bau- und Projektmanagement GmbH   39
Lutherstraße 13
01877 Bischofswerda
Tel. 03594/7796003

Metallbau

IFTD Ingenieurbüro für Fenster- und Fassadentechnik Dresden GmbH   39
Zwickauer Straße 39
01187 Dresden
Tel. 0351/4712356

J. Uhlig Klempnerei und Montage GmbH & Co.KG   63
Bielatalstraße 44
01773 Altenberg / OT Bärenstein
Tel. 035054/28322

Parkett

Fußboden-Design Wagenknecht GmbH   36
Paul-Wäge-Straße 13b
04435 Schkeuditz / OT Dölzig
Tel. 034205/99000

CP Maler & Ausbau GmbH   74
Auenstraße 13a
01458 Ottendorf-Okrilla
Tel. 035205/47605

Projektentwicklung

FAY Projects GmbH   45
Hermsheimer Straße 5
68163 Mannheim
Tel. 0621/39174444

Stolze & Partner GmbH   55
Ingenieur-Planungs-Gesellschaft
Gutshofstraße 6
04178 Leipzig
Tel. 0341/4466321

tp management GmbH - teamproject   68
Gottschedstraße 11
04109 Leipzig
Tel. 0341/35117530

Basler & Hofmann Deutschland GmbH   78
Planen und Beraten
Löbtauer Straße 44
01159 Dresden
Tel. 0351/4383090

IPN Laborprojekt GmbH   84
Kesselsdorfer Straße 127
01169 Dresden
Tel. 0351/414480

Projektmanagement

FAY Projects GmbH   45
Hermsheimer Straße 5
68163 Mannheim
Tel. 0621/39174444

tp management GmbH   68
- teamproject
Gottschedstraße 11
04109 Leipzig
Tel. 0341/35117530

Basler & Hofmann   78
Deutschland GmbH
Planen und Beraten
Löbtauer Straße 44
01159 Dresden
Tel. 0351/4383090

Projektsteuerung

FAY Projects GmbH   45
Hermsheimer Straße 5
68163 Mannheim
Tel. 0621/39174444

tp management GmbH   68
- teamproject
Gottschedstraße 11
04109 Leipzig
Tel. 0341/35117530

Putz

CP Maler & Ausbau GmbH   74
Auenstraße 13a
01458 Ottendorf-Okrilla
Tel. 035205/47605

R

Risssanierungen

Rosenberger GmbH   79
Calbitzer Straße 6
04779 Wermsdorf
Tel. 034364/52378

S

Sanierungen

Lineo Projekt GmbH   55
Jordanstraße 1
04177 Leipzig
Tel. 0341/4904681

Sanitär

DZH-Schepitz GmbH   37
Schlüterstraße 37
01277 Dresden
Tel. 0351/336560

KLUGE Klima- und   39+85
Filtertechnik GmbH
Stuttgarter Straße 25
01189 Dresden
Tel. 0351/402050

WAGNER Sanitär-   62
Heizung-Solartechnik GmbH
Sonnenweg 6
04720 Döbeln / OT Choren
Tel. 034325/20318

Schaltanlagen

Söhnel Elektroanlagen   100
GmbH
Dr.-Gemeinhardt-Straße 5a
04741 Roßwein
Tel. 034322/66620

Schlüsselfertigbau

Köster GmbH   48
Leipziger Straße 48
09113 Chemnitz
Tel. 0371/3340690

Rommel Bau   74
GmbH & Co. KG
Fritz-Reuter-Straße 32c
01097 Dresden
Tel. 0351/8091300

Sicherheitstechnik

FAE Elektrotechnik   61
GmbH & Co. KG
August-Bebel-Straße 39
01809 Heidenau
Tel. 03529/56720

Solartechnik

WAGNER Sanitär-   62
Heizung-Solartechnik GmbH
Sonnenweg 6
04720 Döbeln / OT Choren
Tel. 034325/20318

Spengler

J. Uhlig Klempnerei und   63
Montage GmbH & Co.KG
Bielatalstraße 44
01773 Altenberg / OT Bärenstein
Tel. 035054/28322

Stahlbau

Züblin Stahlbau GmbH   U2+32
Bahnhofstraße 13
01996 Hosena
Tel. 035756/710

T

Tapezierer

malerwerkstätten.com   24
Steffen Pleier
Wachsmuthstraße 3
04229 Leipzig
Tel. 0341/2618018

CP Maler & Ausbau GmbH   74
Auenstraße 13a
01458 Ottendorf-Okrilla
Tel. 035205/47605

Technische Gebäudeausrüstung

Schindler Aufzüge   27+102
und Fahrtreppen GmbH
Region OST
Torgauer Straße 231
04347 Leipzig
Tel. 0341/271490

Tiefbau

KAFRIL Bau GmbH   71
Röcknitzer Straße 1
04808 Großzschepa
Tel. 034263/7840

Söhnel Elektroanlagen   100
GmbH
Dr.-Gemeinhardt-Straße 5a
04741 Roßwein
Tel. 034322/66620

RePrroBau GmbH   101
Am Handwerkerzentrum 5
04451 Borsdorf
Tel. 034291/41910

V

Vermessung

ALLProjekt Wohn- und   104
Gewerbebau GmbH Dresden
Karlsruher Straße 122a
01189 Dresden
Tel. 0351/4015465

W

Wärme-Dämm-Verbund-System

AP Bau- und   39
Projektmanagement GmbH
Lutherstraße 13
01877 Bischofswerda
Tel. 03594/7796003

Wärmetechnik

Wärme- und   38
Klimatechnik GmbH
Königsbrücker Straße 96,
Gebäude 41
01099 Dresden
Tel. 0351/8119230

Impressum

Wirtschafts- und
Verlagsgesellschaft mbH

Küferstraße 11
67551 Worms
Tel. 0 62 47 / 9 08 90-0
Fax 0 62 47 / 9 08 90-10
E-Mail info@wv-verlag.de

www.wv-verlag.de

Geschäftsführer:
Uwe Becker,
Sabine Kromm

Organisation/Verkauf:
WV Wirtschafts- und
Verlagsgesellschaft mbH

Chefredakteur:
Christian Heinz (v.i.S.d.P.)

Herstellungsleiter:
Andreas Lochinger

Gastautoren:

Dirk Hilbert –
Oberbürgermeister
der Landeshauptstadt
Dresden

Thomas Dienberg –
Bürgermeister und
Beigeordneter für
Stadtentwicklung und
Bau der Stadt Leipzig

Dipl.-Ing. Andreas Schramm –
BDB Bund Deutscher
Baumeister, Architekten
und Ingenieure e.V.,
Vorsitzender Landesver-
band Sachsen

Dr. Jürgen Wummel –
Vorsitzender VBI Verband
Beratender Ingenieure e.V.,
Landesverband Sachsen

(Anschriften: siehe Seite 104)

Redaktion:
Sabine Renz

Herstellung:
Christiane Rebbe, Sabine
Krüger, Nicole Löwer

Kundenbetreuung/
Anzeigenverwaltung:
Ute Zbawiony, Petra Butty,
Rosita Emrich

Druck:
ABT Print Medien GmbH
Bruchsaler Straße 5
69469 Weinheim
Tel. 0 62 01/18 90-0
Fax 0 62 01/18 90-90

Titelfotos (von links oben im
Uhrzeigersinn):
„Musikakademie und Kita,
Leipzig" (Beitrag: „Im
Blickpunkt"/Abb.: Snøhetta,
Innsbruck); „Wohn- und
Geschäftshaus in Massivholz-
bauweise, Leipzig" (Beitrag:
„Im Blickpunkt"/Abb.: Peter
Eichler, Leipzig); „Karosserie-
bau, Leipzig" (Beitrag:
Porsche AG/Abb.: Porsche
Leipzig GmbH); „Haus
Postplatz, Dresden" (Beitrag:
FAY Projects GmbH/Abb.:
Michael Moser Images)

Fotonachweis:
Architekten, Beitragsteller
u.a. (siehe Urheberrechts-
hinweise).

Autorenbeiträge geben nicht
in jedem Fall die Meinung
der Redaktion wieder.

27. Jahrgang S 358
ISBN 978-3-944820-93-4

Verkaufs-/Einzelpreis bei
Nachbestellungen:
19,90 Euro, zzgl.
Verpackung/Versand